Heike Baum
Spiele aus Großmutters Zeit

Heike Baum

Spiele aus Großmutters Zeit

Für Kinder von heute entdeckt

Herder Freiburg · Basel · Wien

Gedruckt auf umweltfreundlichem,
chlorfrei gebleichtem Papier

Einband und Textillustrationen: Susanne Szesny

5. Auflage

Herstellung: Freiburger Graphische Betriebe 1997
ISBN 3-451-23626-5

Inhalt

Vorwort

„Gott schuf den Menschen,
auf daß er sich vieler Spiele erfreue,
denn Spielen erhebt und vertreibt die Grillen.“

Alfons X., König von Kastilien, im Jahre 1283

Es war eine herrliche Zeit damals im Sommer, als wir auf den Straßen spielen konnten, bis die Dunkelheit alles verschlang und auch das letzte Kind bereit war, nach Hause zu gehen. Ich habe diese Sommer nicht vergessen. Bei „Ochs am Berg“, „Kaiser, wieviel Schritte darf ich gehen?“ und „Länderball“ verwischten alle Altersgrenzen. Durfte ich mittags nicht mit meinen älteren Geschwistern zum Baden gehen, weil sie da allein unter „Großen“ sein wollten, war es abends selbstverständlich, daß Klein und Groß, Jungen und Mädchen miteinander spielten. Die Straßen und Garagenplätze wurden zu Spielflächen mit bunten Kreidebildern. Die dunklen geheimen Plätze auf Dachböden, Heuschobern und Baustellen verwandelten sich in wilde Landschaften oder gruselige alte Gemäuer. Wir Kinder lieferten uns dort nicht nur Wassergefechte und Heuschlachten, so mancher hatte auch seine liebste Schuhschachtel oder Zigarrenkiste als Schatzkiste dort versteckt. Wir achteten die kleinen Schätze der anderen und verlangten den gleichen Respekt auch für unsere eigene Kiste.
Auch zu Hause spielten wir an verregneten Tagen gemeinsam Spiele, die meine Mutter bereits von ihrer Oma gelernt hatte. Schlafmütze zum Beispiel, ein immer wieder spannendes Spiel für Große und Kleine.
Kindheit war in früheren Zeiten bei weitem nicht so durch Spielen geprägt wie

heute, und doch gibt es Spiele, die seit Jahrhunderten immer wieder gespielt werden und die sich gar nicht oder nur kaum verändert haben. Nicht alle Spiele in diesem Buch sind so alt, daß sie bereits im alten Rom bekannt waren, aber viele werden seit Generationen weitergegeben. Leider gibt es nur noch wenig Spielraum für Kinder, in dem sie sich frei bewegen können, wie auch immer weniger unübersichtliche Stellen, an denen sie heimliche Ecken und Verstecke finden können. Auch deshalb drohen die alten Spiele heute in Vergessenheit zu geraten. Vergessen werden sollten sie nicht, denn das Spiel ist schließlich mehr als bloßer Zeitvertreib, es überliefert vergangene Traditionen.

Jedes Kapitel dieses Buches beginnt mit einem „Auszählvers“. Mit diesem Vers zählen die Spieler und Spielerinnen aus, wer das Spiel beginnt. Dazu stehen alle Kinder im Kreis, ein Kind spricht laut den Reim und zeigt dabei mit dem Finger bei jeder Wortsilbe auf das nächste Kind. Dasjenige, auf welches der Finger bei der letzten Silbe zeigt, beginnt zu suchen, zu fangen und so weiter.

Denn wie alle kulturellen gesellschaftlichen Erscheinungen, die Literatur, die Musik, das Theater, verändert sich auch das Spiel im Laufe der Zeit. Es erlebt und überlebt gesellschaftliche Umbrüche und ist somit auch kulturelles Zeugnis vergangener Zeiten. Dies ist ein weiterer Grund dafür, alte Spieltraditionen zu bewahren und fortzusetzen.

Nun zum Aufbau des Buches: Die Spiele sind, je nach Art und Charakter, in verschiedene Kapitel eingeteilt. Da gibt es welche für drinnen und draußen, bei einigen bewegen wir uns viel, bei anderen zählen Konzentration und Geschicklichkeit, bei einigen basteln wir erst einmal das Zubehör, für andere brauchen wir nichts als ein paar spielfreudige Kinder und natürlich auch Erwachsene.

Viele Spiele haben eine Altersangabe von unter sechs Jahren, trotzdem machen sie sicher auch den Erwachsenen Spaß. Die Altersangaben sollen lediglich darauf hinweisen, ab wann ein Kind das Spiel begreifen und spielen kann.

Lassen Sie sich nun einladen zu den „Spielen aus Großmutters Zeit“. Sie erhalten dabei sicherlich Grüße aus ihrer eigenen Kindheit. Ich wünsche mir vor allem, daß Sie Lust bekommen, mit ihren Kindern, Enkelkindern, Neffen und Nichten die vielen alten Spiele neu zu entdecken und auszuprobieren.

1. Einleitung

Die Geschichte des Spieles in Europa

Die Geschichte des Spiels nur für Europa zu beleuchten heißt natürlich, einen begrenzten und eurozentristischen Blickwinkel einzunehmen. Da in diesem Buch aber die Praxis und nicht die Theorie im Vordergrund steht, wird sich diese Einleitung auf den europäischen Teilaspekt der Geschichte des Spieles beschränken.
Die frühesten Funde, die auf die Existenz von Spielen hinweisen, sind in vorgeschichtlichen Gräbern gemacht worden. Das bedeutet, sie sind mehr als eine Million Jahre alt. Es handelt sich dabei um Rasseln, Kugeln und Figuren. Diese wurden sicher nicht nur zum Zeitvertreib benützt, sondern häufig hatten die Spiele auch religiösen Charakter.
Aus dem Altertum, der Zeit zwischen 3000 v.Chr. und 700 n.Chr. sind vor allem griechische Vasen und Mosaike erhalten, die spielende Menschen darstellen. Beliebte Spielgeräte und Spiele dieser Zeit waren die uns heute noch bekannten Reifen, Bälle und Kreisel. Darüber hinaus gab es verschiedene Wettkampfspiele, bei denen der schnellste Läufer oder der beste Werfer ermittelt wurden. Inzwischen weiß man, daß nicht nur die Griechen, sondern auch die Römer und bestimmte Indianervölker ihre Streitigkeiten häufig durch einen Wettlauf oder Weitwurf ausgetragen haben. Die Partei, die als Sieger aus diesen Wettkämpfen hervorging, hatte das Recht auf ihrer Seite. Auch die Olympischen Spiele wurden in dieser Zeit ins Leben gerufen. Sie existierten von 776 v.Chr. bis 393 n.Chr. Es waren nationale Sportwettkämpfe zu Ehren des Gottes Zeus, die alle 4 Jahre in Olympia ausgetragen wurden. Erst im Jahr 1896 wurden die Olympischen Spiele wieder ins Leben gerufen, diesmal als internationale Wettkämpfe, die an die Antike erinnern sollten.
Im Mittelalter zwischen 800 n.Chr. bis ins 15. Jahrhundert hinein wurde dem Spiel – abgesehen von Jacobus de Cessolis' berühmter Abhandlung über das Schachspiel (1275) – in Europa keine große Bedeutung beigemessen. Lediglich Alfons X., König von Kastilien, gab 1283 seinen Forschern und Gelehrten den Auftrag, ein Spielebuch zu schreiben, das erste in der europäischen Literatur.
Im christlichen Mittelalter wurde in Europa die Spielleidenschaft domestiziert und gebremst. Immer wieder gab es Prozesse, die Übertretungen von Spielverboten verhandelten. Im 13. Jahrhundert ist Backgammon das weitverbreitetste Spiel unter den Reichen. Es hat sich aus dem römischen Tabula entwickelt. Es war, wie fast alle anderen Spiele des Mittelalters auch, ein Spiel für Erwachsene, denn Kindheit als eigenständige Lebensphase im heutigen Sinne existierte noch gar nicht. Sie galt lediglich als Übergangsphase vom Säuglings- zum Erwachsenenalter. Kinder wurden wie kleine Erwachsene gesehen und behandelt. Sie arbeiteten wie diese als Knechte und Leibeigene für ihre Herrschaft. In reichen Häusern herrschten sie bereits und wandten sich der Politik, der

Religion und den Künsten zu. Die Überlieferung der mittelalterlichen Spiele vollzog sich meistens mündlich, denn Gemälde, auf denen spielende Menschen zu sehen sind, gibt es aus dieser Zeit kaum.
Die Spiele wurden von Minnesängern und Predigern aufgegriffen, die sie als Gleichnisse ihrer Zeit deuteten und mit etlichen Lehren für das Leben schmückten. Über die Existenz erfährt man mit Sicherheit heute nur durch die vielen amtlichen Erlasse von verschiedenen Spielen, die im Laufe der Zeit erlaubt und wieder verboten wurden. Sowohl das Spiel auf öffentlichen Plätzen als auch das Karten- und Brettspiel war von den Verboten betroffen. 1426 wurde in Nördlingen vom Städtischen Rat das Paarlaufen, Kegeln, Radtreiben und Topfschlagen unter Strafandrohung auf öffentlichen Plätzen verboten. Besonders die Kirche bekämpfte das Spiel über viele Jahrhunderte hinweg als teuflische Verführung. Der Genuß und die Freude, der Spaß und die Lust nahmen den Menschen aus kirchlicher Sicht den Ernst des Lebens und somit die Ehrfurcht vor Gott. Nicht nur im Tarotspiel fanden Kirchenmänner teuflische Symbole, die das Verbrennen des Spielmaterials nötig machten. Im Jahre 1595 schrieb der venezianische Rabbiner Leon de Modena das Buch: „Der belehrte und bekehrte Spieler". Es handelt vom Disput zweier Männer, Medad und Eldad, über den Sinn des Spiels. Obwohl sich Medad, der Spieler, bekehren läßt und sich auf den Pfad der Tugend und Buße begibt, argumentiert er lange und stichhaltig für das Spiel: „Wer Karten und Würfel liebt, der lebet unbetrübt. Er hat sowohl auch Freud, wie andre Bieder-Leut." Sein Widerstreiter Eldad hingegen moralisiert und warnt vor den schrecklichen Konsequenzen des Spiels. „Wer sich dem Spiel ergibt, lebt elend und betrübt. Sein Elend ist auch verflucht, weil er sein Unglück sucht."
Doch bereits im 15. Jahrhundert ändert sich langsam das Verständnis von Kindheit und Spiel. Kinder werden immer mehr auch als Kinder wahrgenommen, und in den nächsten drei Jahrhunderten begreift Europa, daß Kindheit einen eigenen Stellenwert im Leben eines jeden Menschen hat. So malt Pieter Brueghel 1560 das Bild: „Die Kinderspiele". Es zeigt Kinder, die sich mit den verschiedensten Spielen beschäftigen. In dieser Tradition entstehen anschließend einige Bilder, die Kinder mit Steckenpferd und Windrädern oder tanzend und singend darstellen.
Im 18. Jahrhundert wird das Spiel öffentlich beliebt. Bei gesellschaftlichen Anlässen spielen Erwachsene „Blinde Kuh" oder „Die russische Motion", was soviel wie „Die russische Bewegung" heißt und der Urahne der uns bekannten „Reise nach Jerusalem" ist. Kinder und Erwachsene spielen dieselben Spiele und Kinder sind an Glücksspielen genauso beteiligt wie die Erwachsenen am Versteckspiel. Spielen war die große Mode des Adels, dieser wurde durch das Spiel nicht nur amüsiert, sondern gleichzeitig auch entpolitisiert.
Im 19. Jahrhundert wird das Spiel zum ersten Mal als pädagogisches Mittel und Element der Erziehung anerkannt. Es erscheinen Ratgeber für junge Mütter, Familienspielbücher und natürlich Spielbücher für Jungen und Mädchen. Das

Spiel wird zunehmend zum Träger von Ideologie und Moral des Bürgertums. In kürzester Zeit werden Glücksspiele und Spiele um Geld als verwerflich und unmoralisch angesehen und abgewertet. Es gibt Frauen- und Männerrunden, die sich zum gesitteten Spiel, wie Bridge oder Schach, treffen und vorrangig darauf achten, die Etikette nicht zu verletzen. Lediglich die Jugendlichen im heiratsfähigen Alter haben durch Tanz-, Denk- und Wettkampfspiele und die anschließenden albernen Pfandaufgaben die Freiheit, bestimmte gesellschaftliche Konventionen und die alten strengen Grenzen des Anstandes zu überschreiten. Dem kindlichen Spiel sind in dieser Zeit klare Grenzen gesetzt. In einem Familienbuch der Stadt Heilbronn aus dem Jahre 1856, das junge Paare zur Trauung bekamen, fand ich einen Hinweis, daß das Spiel mit dem Steckenpferd den Jungen verboten bleiben sollte, da es sie dazu verleitete, einen bestimmten Körperteil in schädlichem Maße zu reizen. Jungen wurden durch Spiele angehalten, ihren Körper zu trainieren, Kampfgeist und Patriotismus zu entwickeln. Familienoberhäupter und Soldaten, ehrgeizige Arbeiter sollten sie werden – im Gegensatz zu den Mädchen, die gemäß ihres Standes mehr oder weniger spielerisch in die häuslichen Arbeiten eingeführt wurden.

Zu Beginn des 20. Jahrhunderts verbreiteten sich die ersten Lernspiele wie Domino, Puzzle und Leselotto. Gespielt wurde im Kaffeehaus als auch im Familienkreise. Das „Leiterspiel“, „Schnipp Schnapp“, und „Halma“ fanden sich bald in fast jedem Haushalt. 1912 gab es sie in den verschiedensten Ausführungen von 60 Pfennig bis zu 3,50 Mark zu kaufen. Der Spielwarenhändler Hermann Kurtz aus Stuttgart hatte eines der damals großen Spielwarengeschäfte, das 1833 gegründet worden war. Im Jahre 1912 gibt dieses Geschäft einen Katalog heraus, den es an viele Haushalte verschickt. Darin werden klare Einteilungen von Spielen vorgenommen: Die Eisenbahn und alle Spiele im Bereich des Technischen sind im großen Kapitel „Spiele für Jungen“ enthalten. „Spiele für Mädchen“ nehmen weit weniger Raum ein und erschöpfen sich in dem üblichen Puppenzubehör, Stickvorlagen, Ausnähbildern, Perlen, Papierblumen und der Strickliesel. Das besondere an diesem Katalog sind die vielen Brett- und Lernspiele. Erfinder vieler dieser Spiele war Friedrich Fröbel (1782–1852), ein Pädagoge, der als „Vater des Kindergartens“ in die Geschichte der Pädagogik einging. Er entwickelte viele Spiele vor allem für kleine Kinder, die deren Feinmotorik und Konzentration fördern sollten. Die damals bereits als „Fröbelspiele“ bekannten Spiel- und Bastelpackungen sind heute noch erhältlich, und es gibt vermutlich keinen Kindergarten, der seinen Kindern diese Materialien nicht anbietet. Darunter fallen unter anderem die Papierwebtechniken, das Papierfalten, Tangram und der Scherenschnitt.

Der Erste Weltkrieg bewirkt ein Ende des Spielbooms. Im Zeitgeist der Weltwirtschaftskrise wird gegen Ende der 20er Jahre „Monopoly“ entwickelt, das in Deutschland allerdings erst in den 50er Jahren populär wird.

Der Zweite Weltkrieg schließlich löst einen tiefgreifenden Bruch in der deutschen Spielgeschichte aus. „Mensch, ärgere dich nicht“ kommt auf den Markt, ist aber so wenig erfolgreich, daß es an Lazarette verschenkt wird. Nicht zuletzt diese weite Verbreitung ist ein Grund dafür, daß „Mensch, ärgere dich nicht“ nach dem Krieg einen reißenden Absatz findet. Der Faschismus stellt das Spiel generell in den Dienst der eigenen Ideologie (z.B. „Wehrschach“), so daß nach Kriegsende in Deutschland bis auf wenige Ausnahmen eine regelrechte Spielfeindlichkeit herrscht. Alle Bestrebungen stehen im Zeichen des Wiederaufbaus, und sogar das Spiel ist zweckgerichtet und funktionalisiert, denn es ist nur in der Form des Lernspiels gesellschaftlich erwünscht.

In den 60er Jahren protestiert die Pädagogik gegen funktionalisierte Spielangebote und kämpft für ein natürlicheres Verhältnis zum Spiel. Die Kinderladenbewegung propagiert eine antiautoritäre, kooperative Pädagogik, was sich auch auf die Entwicklung des Spieles niederschlägt. In kooperativen Spielen soll es keine Sieger mehr geben, sondern die Kinder versuchen, gemeinsam das Spielziel zu erreichen. Dabei sind viele schöne Varianten der alten Spiele entstanden.

Heute stehen Pädagogen und Pädagoginnen vor neuen Überlegungen. Auch das Erlernen von siegerlosen Spielen kann nicht verhindern, daß Kinder aus Holzstecken Schwerter schnitzen oder sich im Wettlauf mit anderen messen. So wird heute nach einem Mittelmaß von kooperativen, koalitiven und konkurrenzhaltigen Spielen gesucht.

Erwachsene werten Bewegungsspiele häufig als Kinderkram ab. Doch habe ich schon oft erlebt, daß – wenn sich die Erwachsenen überwinden, mitzuspielen – sie großen Spaß daran haben. Erfreulicherweise erscheinen verstärkt Bücher mit Spielen für Familienfeiern, Hochzeiten und andere Gelegenheiten, die Erwachsene wieder zum Spiel auffordern. Dies weist auf einen Bedarf hin, der mich hoffen läßt, daß auch sie wieder häufiger spielen werden. Brettspiele beispielsweise sind bereits lange gesellschaftlich anerkannte Freizeitbeschäftigungen für Jung und Alt.

In den letzten Jahren wurde der Markt zunehmend von elektronischen Spielsystemen überschwemmt. Viele Pädagoginnen und Pädagogen haben sich zuerst von den neuen Spielmedien abschrecken lassen. Doch inzwischen ist die pauschale Verurteilung dieser Spiele überwunden, denn es konnten mit Hilfe dieser Technik einige gute Spiele entwickelt werden. Auch wenn die Elektronik im Kinderzimmer immer noch eine große Gefahr in vielen Bereichen darstellt, so hat sie in den letzten Jahren doch auch durchaus positive Seiten entwickelt.

Dieses Buch mit Spielen aus Großmutters Zeit soll hierzu eine sinnvolle Alternative für Kinder und Erwachsene darstellen, denn gerade die alten Spiele ermöglichen es uns, zu unseren „verspielten“ Wurzeln zurückzufinden und das Spielen gemeinsam mit unseren Kindern - als wertvolle Freizeitbeschäftigung - neu zu entdecken. Das Spiel war und ist ein wichtiger gesellschaftlicher Kulturfaktor, der uns mit all seiner Geschichte und seinen Traditionen erhalten bleiben sollte.

Eine alte Dickmadam
fuhr mal mit der Eisenbahn.
Eisenbahn die krachte,
Dickmadam die lachte.
Lachte bis der Wachmann kam
und sie auf die Wache nahm.
Auf der Wache war sie frech,
er warf sie raus, und du hast Pech!

2. Ich sehe was, was du nicht siehst

Rate-, Mal-, Sing- und Blödelspiele

Rate-, Mal-, Sing- und Blödelspiele sind Spiele, die überall gespielt werden können – in der Badewanne, auf einer Berghütte und am Kindergeburtstag. Sie machen nicht nur Kindern Spaß, sondern es sind Spiele, die Große und Kleine gemeinsam spielen können. Dabei sind die Erwachsenen nicht immer im Vorteil. Viele Spiele vermitteln den gleichen Spaß, egal ob man nun zuschaut oder selbst an der Reihe ist. Häufig werden dabei die verschiedenen Wahrnehmungen trainiert. Sehen, Hören, Tasten, Fühlen und Schmecken haben einen besonderen Stellenwert bei diesen Spielen. Positiv ist darüber hinaus, daß oft überhaupt kein Sieger im üblichen Sinne festgestellt wird und das Spiel auf das reduziert wird, was es ausmacht: miteinander Spaß zu haben und sich gegenseitig wahrzunehmen.

Ich sehe was, was du nicht siehst

Überlieferung:	mündlich; meine Urgroßmutter spielte es stundenlang mit mir
Spieler/innen:	zwei und mehr
Alter:	ab 3 Jahren
Zeit:	mindestens 5 Minuten
Material:	keines
Ort:	überall

Ein Kind beginnt, indem es sich mit den Augen einen Gegenstand im Zimmer aussucht. Es sagt: „Ich sehe was, was du nicht siehst, und das ist ...“, dann nennt es die Farbe, die der Gegenstand hat. Die anderen Kinder stellen nun Fragen, die nur mit „Ja“ oder „Nein“ beantwortet werden dürfen, z.B. ob der Gegenstand klein ist, ob er sich im Zimmer, in der Nähe des Bodens befindet, ob die genannte Farbe die einzige des Gegenstandes ist und so weiter. Wer den richtigen Gegenstand als erstes nennt, darf sich den nächsten aussuchen.

Anmerkung/Variation: Ein Spiel, mit dem es keine langweiligen Zug- und Autofahrten mehr gibt.

Guten Tag

Überlieferung:	mündlich
Spieler/innen:	zwei und mehr
Alter:	ab 2 Jahren
Zeit:	mindestens 5 Minuten
Material:	keines
Ort:	überall

Zu einem Lied, das von allen gesungen wird, bewegen sich die Kinder im Raum. Wenn sich zwei begegnen, geben sie sich die Hand und machen einen Knicks. Anschließend haken sie sich mit den rechten Armen ein und drehen sich im Kreis. Um sich zu verabschieden, geben sie sich wieder die Hand und machen einen Knicks. Jetzt wird ein neuer Partner gesucht.

Text und Melodie: Irmgard Kneißler

Bin eine kleine Schnecke

Überlieferung: mündlich
Spieler/innen: vier und mehr
Alter: ab 2 Jahren
Zeit: mindestens 10 Minuten
Material: keines
Ort: überall

Alle bis auf ein Kind fassen sich an den Händen und laufen im Kreis. Das Kind in der Mitte läuft in die entgegengesetzte Richtung, es ist die kleine Schnecke. Alle singen das Schnecken-Lied. Sobald die Schnecke einen Namen singt, läuft das gerufene Kind der Schnecke hinterher. Das Spiel ist zu Ende, wenn alle Kinder im inneren Kreis sind.

Text und Melodie: Irmgard Kneißler

Reise nach Amerika

Überlieferung: mündlich
Spieler/innen: vier und mehr
Alter: ab 2 Jahren
Zeit: mindestens 5 Minuten
Material: Stühle, ein Tisch
Ort: drinnen

Alle Kinder sitzen um einen Tisch herum und halten die Hand zur Faust geschlossen, der Daumen zeigt nach oben. Ein Kind sagt nun den Vers:
„Ich reise nach Amerika – wer will mit? Die Katze mit dem langen Schwanz – die muß mit!"
Dabei kreist es mit der Hand über dem Tisch. Beim letzten Wort greift es einen Daumen, der in Zukunft mit über dem Tisch kreist. Wenn alle Daumen im hohen Turm gefangen sind, wird folgender Spruch gesagt:
„Oh du dummer Schaffner, was hast du gemacht?
Hast uns statt nach Amerika
nach Afrika gebracht. Ohh."
Dabei fallen alle Hände wieder auseinander.

Anmerkung/Variation: Ein Spiel, das besonders den Kleinen großen Spaß macht.

Der Fischer

Überlieferung: mündlich
Spieler/innen: vier und mehr
Alter: ab 2 Jahren
Zeit: mindestens 5 Minuten
Material: Stühle, 1 Tisch
Ort: drinnen

Alle Kinder sitzen um den Tisch herum und haben ihre Hände flach auf dem Tisch liegen. Ein Kind ist der Fischer und sagt:
„Ich fische, fische, fische
auf diesem großen Tische,

ich hab' die ganze Nacht gefischt
und noch keinen Fisch erwischt."
Bei „Fisch erwischt" ziehen alle Kinder ihre Hand zurück, und der Fischer versucht, eine Hand zu treffen. Die Hand, die getroffen wurde, muß während des restlichen Spieles unter dem Tisch bleiben. Das Kind, dessen Hand zuletzt auf dem Tisch liegt, hat gewonnen.

Anmerkung/Variation: Spiele, bei denen Kinder ausscheiden müssen, sind nur bedingt spannend. Den nicht mehr beteiligten Kindern wird es schnell langweilig. Viel besser wäre es hier, wenn das getroffene Kind in der nächsten Runde Fischer werden würde.
Schlagen die Kinder zu fest auf die Hände, kann ein Tischtennisball genommen werden, den der Fischer auf eine Hand fallen lassen muß. Ein Spiel, das vor mehr als zwanzig Jahren als „Spitz, paß auf" in jeden Haushalt einzog.

Wattepusten

Überlieferung: mündlich; schon auf den Geburtstagsfeiern meiner Großeltern durfte dieses Spiel nicht fehlen
Spieler/innen: vier und mehr
Alter: ab 4 Jahren
Zeit: mindestens 5 Minuten
Material: ein Wattebausch, ein Tisch
Ort: im Zimmer

Ein Wattebausch liegt in der Mitte des Tisches. Die Kinder stehen gleichmäßig verteilt um den Tisch herum. Sie blasen die Watte und versuchen dabei zu verhindern, daß die Watte an ihrer Seite herunterfällt. Wem sie doch herunterfällt, muß ein Pfand abgeben.

Anmerkung/Variation: Wer Pfandspiele mag, kann das Spiel in dieser Form spielen; danach sollten aber wirklich witzige und keine peinlichen Aufgaben gestellt werden, um die Pfänder wieder an die Kinder zu verteilen (siehe „Pfandeinlösen“ am Ende dieses Kapitels). Ansonsten können auch Punkte gezählt werden, die den Sieger feststellen. Eine schöne Variante des Spiels: Auf dem Tisch wird eine Slalombahn mit Sektkorken oder ähnlichem aufgebaut, durch die die Kinder nacheinander die Watte pusten müssen. Hierbei kann die Zeit gestoppt werden, oder aber zwei Kinder pusten jeweils parallel auf zwei Bahnen.

Hänschen, piep einmal

Überlieferung: mündlich; im 18. Jahrhundert wurde dieses Spiel mit großem Spaß auch von Erwachsenen gespielt
Spieler/innen: sechs und mehr
Alter: ab 4 Jahren
Zeit: mindestens 10 Minuten
Material: Stühle
Ort: drinnen

Ein Kind steht mit verbundenen Augen im Kreis, den die anderen Kindern mit ihren Stühlen gebildet haben. Das blinde Kind dreht sich zuallererst ein paarmal um die eigene Achse. Nun geht es langsam an den Rand des Kreises und sucht einen Schoß, auf den es sich setzen kann. Dann sagt es: „Hänschen, piep einmal.“ Das angesprochene Kind antwortet mit verstellter Stimme: „Piep.“ Nun versucht das blinde Kind zu erraten, wer gerade gepiepst hat. Hat es recht, tauscht es mit dem „Hänschen“ die Plätze. War der geratene Name falsch, muß das Kind weiter und auf dem nächsten Schoß sein Glück versuchen.

Anmerkung/Variation: Eine Regelvariante dieses Spieles ist, daß das blinde Kind bis zu dreimal das „Piep“ vom „Hänschen“ hören darf, bevor es einen Namen sagen muß. Dabei verrät sich das „Hänschen“ häufig, weil es sich das Lachen nicht verkneifen kann.

Für wen werden die Koffer gepackt?

Überlieferung: mündlich
Spieler/innen: drei und mehr
Alter: ab 4 Jahren
Zeit: mindestens 5 Minuten
Material: keines
Ort: überall

Ein Kind geht vor die Tür, während sich die anderen überlegen, für wen sie die Koffer packen wollen. Sind sie sich einig, wird das wartende Kind wieder hineingerufen. Nun beginnt es, die anderen der Reihe nach zu fragen, was sie denn in den Koffer packen wollen. Diese nennen typische Gegenstände und Kleidungsstücke, die die gesuchte Person vermutlich mitnehmen würde. Anhand dieser Gegenstände versucht das Kind nun herauszufinden, für wen der Koffer gepackt werden soll. Hat es richtig geraten, geht ein anderes Kind vor die Tür.

Anmerkung/Variation: Ein Spiel, das sicherlich nicht nur den ganz Kleinen Spaß macht!

Der Groschen auf der Nase

Überlieferung: mündlich
Spieler/innen: zwei und mehr
Alter: ab 3 Jahren
Zeit: mindestens 5 Minuten
Material: eine Münze
Ort: überall

Ein Kind liegt mit dem Rücken auf dem Boden. Es bekommt eine Münze auf die Nase gelegt, die es wieder herunterwerfen soll. Dabei darf es weder den Kopf bewegen, noch die Münze mit den Händen berühren. Lediglich das Grimassen-Schneiden ist erlaubt, um die Münze ins Rutschen zu bringen.

Anmerkung/Variation: Bei diesem Spiel hat nicht nur das Kind mit der Münze auf der Nase großen Spaß, sondern vor allem auch die Zuschauer, die sich die Grimassen anschauen.

Das Spiel kann auch darum gehen, die Münze möglichst lange auf der Nase zu behalten, solange ein Kind versucht aufzustehen oder die anderen es zum Lachen bringen.

Der Heidebauer

Überlieferung: mündlich; von meiner Urgroßmutter bereits 1885 gespielt
Spieler/innen: fünf und mehr
Alter: ab 4 Jahren
Zeit: mindestens 10 Minuten
Material: keines
Ort: überall

Der Spielleiter oder die Spielleiterin gibt allen Kindern jeweils einen Begriff aus der Landwirtschaft, z.B. Stall, Kühe, Pferdegespann, Egge und so weiter. Nun beginnt er oder sie eine Geschichte vom Heidebauern zu erzählen. Immer, wenn eines der zuvor vergebenen Wörter in der Geschichte vorkommt, muß das betreffende Kind einmal in die Hände klatschen. Bei „Heidebauer" klatschen alle. Vergißt ein Kind das Klatschen, muß es ein Pfand abgeben.

Anmerkung/Variation für die Älteren: Anstatt ein Pfand abzugeben, kann das Kind, das vergessen hat zu klatschen, auch die Geschichte weitererzählen. Der bisherige Erzähler bekommt dann ein neues Wort, das ermöglicht, viele neue Wendungen in die Geschichte einzubauen.

Der Kaufmann von Paris

Überlieferung: mündlich; in zahlreichen Spielebüchern dieses Jahrhunderts dokumentiert
Spieler/innen: drei und mehr
Alter: ab 5 Jahren
Zeit: mindestens 10 Minuten
Material: keines
Ort: überall

Alle Spieler/innen sitzen in einem Kreis zusammen. Ein Kind steht in der Mitte, es ist der Kaufmann von Paris. Es sagt:

„Ich bin der Kaufmann von Paris,
hab' wunderschöne Sachen,
verbiete mir das Ja und Nein
und außerdem das Lachen.
Kaufen sie etwas?"

Nun beginnt er seine Ware anzupreisen und jedem Kind spezielle Empfehlungen zu geben. Dabei fragt er immer wieder unauffällig ein Kind nach besonderen Wünschen. Diese dürfen aber weder „Ja" und „Nein" sagen oder laut lachen. Passiert es einem Kind doch, wechselt es den Platz mit dem Kaufmann.

Anmerkung/Variation: Dieses Spiel hat in vielen Regionen unterschiedliche Namen und eine entsprechend andere Geschichte mit dem passenden Spruch.

Schatzbergen

Überlieferung: mündlich; 1885 bereits von meiner Urgroßmutter gespielt – aber sicherlich nicht von ihr erfunden
Spieler/innen: drei und mehr
Alter: ab 4 Jahren
Zeit: mindestens 10 Minuten
Material: ein Mehlberg auf einem Teller, ein Ring, ein Messer
Ort: vorzugsweise im Freien

Auf die Spitze des Mehlberges wird ein Ring gelegt. Nun beginnt das erste Kind, mit dem Messer seitlich ein Stück vom Berg abzuschneiden und über den Tellerrand zu schieben. Reihum müssen nun alle ein Stück von dem Berg abschneiden, ohne daß ihnen der Ring hinunterrutscht. Passiert es einem Kind doch, muß es den Ring mit den Zähnen aus dem Mehl holen, die Hände darf es dabei nicht benutzen. Natürlich versuchen alle, den Berg so anzuschneiden, daß das Risiko mit jedem Schnitt größer wird, aber der Ring bei einem selbst nicht hinunterfällt. Falls man doch Pech hat, kann man immerhin als kleine Rache einmal kräftig in die Runde ausatmen, nachdem man den Ring aus dem Mehl geangelt hat. Danach gibt es wenigstens noch mehr weiße Gesichter.

Anmerkung/Variation: Mir hat dieses Spiel als Kind riesigen Spaß gemacht, auch wenn es – besonders drinnen – ziemlich viel „Staub aufwirbelt".

Nicht Lachen!

Überlieferung: mündlich; ein Spiel, das sich bereits im 18. Jahrhundert großer Beliebtheit erfreute
Spieler/innen: zwei und mehr
Alter: ab 4 Jahren
Zeit: mindestens 5 Minuten
Material: keines
Ort: überall

Zwei Kinder stehen oder sitzen sich gegenüber. Sie müssen sich in die Gesichter sehen und dürfen dabei nicht lachen. Jede Art von Grimassenschneiden ist aber erlaubt, um den anderen aus der Fassung zu bringen. Wer zuerst lachen muß, verläßt seinen Platz, der vom nächsten Kind eingenommen wird.

Anmerkung/Variation: Wieder ein Spiel, bei dem auch die Zuschauer und Zuschauerinnen etwas zum Lachen haben.

Stille Post

Überlieferung: mündlich; außerdem 1882 im Familienspielbuch festgehalten
Spieler/innen: vier und mehr
Alter: ab 3 Jahren
Zeit: mindestens 5 Minuten
Material: keines
Ort: überall

Die Spieler und Spielerinnen sitzen im Kreis. Ein Kind beginnt und flüstert seinem Nachbarn bzw. seiner Nachbarin einen kurzen Satz ganz schnell ins Ohr. Dieses Kind gibt den Satz so weiter, wie es ihn verstanden hat. Der Satz wird jedem Kind nur einmal ins Ohr geflüstert, dadurch gehen natürlich Wortsilben und kleine Wörter verloren. Alle können gespannt sein, was der oder die letzte im Kreis versteht. Diese/r sagt die Botschaft laut, die bei ihm/ihr angekommen ist. Nun darf sich ein anderes Kind etwas einfallen lassen, was es dem Nachbarn ins Ohr flüstern will.

Anmerkung/Variation: Das Spiel macht besonders den ganz kleinen Kindern Spaß.

Armer schwarzer Kater

Überlieferung: mündlich
Spieler/innen: vier und mehr
Alter: ab 3 Jahren
Zeit: mindestens 10 Minuten
Material: keines
Ort: überall

Alle Kinder sitzen im Kreis. Ein Spieler/eine Spielerin verläßt seinen Stuhl und krabbelt als der arme schwarze Kater auf allen Vieren im Kreis herum. Dort sucht er sich das erste Kind aus und setzt sich zu seinen Füßen. Nun ruft der Kater so jämmerlich und kläglich wie möglich „Miau". Das Kind muß nun antworten: „Du armer schwarzer Kater", dabei streicht es ihm sanft durchs Haar. Dreimal darf der Kater sein „Miau" rufen, und dreimal muß das Kind antworten. Muß es dabei lachen, ist es ab jetzt der arme Kater. Konnte es ernst bleiben, versucht der arme Kater sein Glück beim nächsten Kind.

Anmerkung/Variation: Es gibt wenige Spiele, die bei Kindern so beliebt sind wie der arme schwarze Kater.

Gesichter raten

Überlieferung: mündlich; außerdem 1560 auf dem Gemälde „Die Kinderspiele" von Pieter Brueghel
Spieler/innen: vier und mehr
Alter: ab 3 Jahren
Zeit: mindestens 5 Minuten
Material: ein großes Tuch, durch das man nichts sehen kann
Ort: überall

Die Spieler und Spielerinnen sitzen auf dem Boden und rücken ganz nah zusammen, ihre Gesichter werden mit einem großen Tuch zugedeckt. Ein Kind steht neben ihnen und versucht, die Spieler und Spielerinnen durch Ertasten ihrer Gesichter zu erkennen. Das Kind, dessen Name richtig erraten worden ist, kommt unter dem Tuch hervor und rät weiter. Die anderen unter dem Tuch ändern die Sitzordnung und machen dem/der bisher Ratenden Platz.

Anmerkung/Variation: Es gibt inzwischen eine ganze Reihe sogenannter Kimspiele, die besonders die Sinneswahrnehmungen und die Konzentration fördern. Unter ihnen gibt es kaum welche, bei denen Sieger ermittelt werden können, es geht einfach nur um's Mitmachen und Spaß-Haben. Im Anschluß an dieses Spiel werden Sie noch einige entdecken. Besonderen Spaß macht die Variante aus dem Familienspielbuch von 1882. Dabei wird in das Tuch ein kleines Loch geschnitten, durch das ein Auge, ein Ohr, der Mund oder die Nase gesteckt wird. Hierbei muß erraten werden, zu wem das Gesichtsteil gehört. Diese Spiele machen einfach allen Spaß, egal in welchem Alter sie sind.

Schau genau

Überlieferung: mündlich
Spieler/innen: zwei und mehr
Alter: ab 3 Jahren
Zeit: mindestens 10 Minuten
Material: verschiedene Gegenstände, ein Tablett
Ort: überall

Auf ein Tablett werden die verschiedensten Gegenstände gelegt, das kann von einer Kerze über den Zahnstocher bis zum Kaffeelöffel alles mögliche sein. Der Spielleiter oder die Spielleiterin sollte vor allem darauf achten, daß es möglichst viele verschiedene Dinge sind. Nun wird den Kindern das Tablett für eine kurze Zeit gezeigt, und sie versuchen sich dabei möglichst viele der Gegenstände zu merken. Wenn das Tablett mit einem Tuch zugedeckt ist, beginnen die Kinder der Reihe nach die gesehenen Dinge aufzuzählen. Wer nichts mehr weiß, scheidet aus.

Anmerkung/Variation: Eine weitere Variation des Augenkim sind die Schätzaufgaben. Dabei wird in ein Glas eine bestimmte Anzahl von Bohnen oder ähnlichem gefüllt, und die Spieler und Spielerinnen sollen versuchen, die Anzahl zu schätzen. Wer am nächsten dran ist, hat gewonnen.

Mit einem weiteren Spiel haben im Mittelalter die Scharlatane die Schaulustigen verulkt und ihnen so manchen Taler aus den Taschen gezogen: Dabei werden drei undurchsichtige Becher auf den Tisch gestellt. Unter einen Becher wird eine Münze gelegt. Der Spielleiter/die Spielleiterin vertauscht nun die Becher miteinander, bis niemand mehr wissen kann, unter welchem die Münze liegt. Nun werden von den anderen die Einsätze gemacht. Dazu legt jedes Kind eine Münze vor den Becher, in dem es die Münze vermutet. Die Becher werden aufgedeckt und die Kinder mit dem richtigen Tip teilen sich den Gewinn.

Schnüffelnase

Überlieferung: mündlich
Spieler/innen: zwei und mehr
Alter: ab 3 Jahren
Zeit: mindestens 5 Minuten
Material: verschiedene duftende Gegenstände
Ort: überall

Mit verbundenen Augen sollen die Kinder verschiedene Duftstoffe erraten. Das kann Pfefferminztee, Rosenöl und vieles mehr sein. Wer die meisten Düfte errät, hat gewonnen.

Anmerkung/Variation: Besonderen Spaß macht es, wenn jedes Kind einen Becher in die Hand bekommt, der oben mit Butterbrotpapier und einem Gummi verschlossen ist, wobei mit einer Nadel ein paar Löcher in das Papier gestochen wurden. Immer in zwei Bechern ist der gleiche Duftstoff enthalten. Nun sollen die Kinder – ohne miteinander zu reden – das Kind finden, das den gleichen Duftstoff im Becher hat. Dazu müssen die Kinder gegenseitig an den Bechern riechen.

Der große und der kleine Lauscher

Überlieferung: mündlich
Spieler/innen: zwei und mehr
Alter: ab 3 Jahren
Zeit: mindestens 5 Minuten
Material: verschiedene Gegenstände, mit denen Geräusche erzeugt werden können; für jedes Kind ein Tuch
Ort: überall

Die Kinder sitzen in einem Kreis und haben die Augen mit Tüchern verbunden. Ein Kind geht im Raum umher und verursacht verschiedene Geräusche: Es öffnet beispielsweise das Fenster, stampft mit dem Fuß auf, zerreißt Papier usw. Wer zuerst die Ursache des Geräusches erraten hat, darf den Geräuschmacher ablösen.

Anmerkung/Variation: Das Spiel kann auch mit Musikinstrumenten oder Musik gespielt werden. Außerdem müssen die Augen nicht verbunden sein, es reicht auch, wenn die Kinder die Augen schließen.

Spüren und Fühlen

Überlieferung: mündlich
Spieler/innen: zwei und mehr
Alter: ab 3 Jahren
Zeit: mindestens 5 Minuten
Material: Gegenstände mit verschiedener Oberfläche
Ort: überall

Einem Kind werden die Augen verbunden. Nun geben die anderen Kinder ihm nach und nach verschiedene Gegenstände in die Hand. Das blinde Kind versucht nun durch Abtasten, die Gegenstände zu erraten. Kann es einen Gegenstand nicht erkennen, so darf das Kind sich die Augen verbinden lassen, das ihm den Gegenstand gegeben hat.

Anmerkung/Variation: Das Spiel macht großen Spaß, und es ist immer wieder verblüffend, welch einfache Gegenstände blind nicht erkannt werden.

Verwandlungsshow

Überlieferung: mündlich; besonders im 18. Jahrhundert wurde dieses Spiel häufig auf den Tanzbällen der jungen Leute gespielt
Spieler/innen: zwei und mehr
Alter: ab 4 Jahren
Zeit: mindestens 5 Minuten
Material: keines
Ort: überall

Immer zwei Kinder stehen sich gegenüber. Nun dreht sich ein Kind um. Das andere verändert etwas an seinem Aussehen. Ist es fertig, darf der Mitspieler/die Mitspielerin sich wieder umdrehen. Er/sie hat nun Zeit herauszufinden, was das Kind an sich verändert hat. Ist es geglückt, darf er/sie etwas an sich verändern.

Anmerkung/Variation: Es ist auch möglich, daß ein Kind das Zimmer verläßt und die restlichen Spieler und Spielerinnen das Zimmer verändern, indem sie das Fenster öffnen bzw. schließen oder zwei Bilder an der Wand vertauschen und so weiter. Sind sie fertig, holen sie das Kind wieder ins Zimmer, das nun alle Veränderungen suchen und benennen muß.

Pfand einlösen

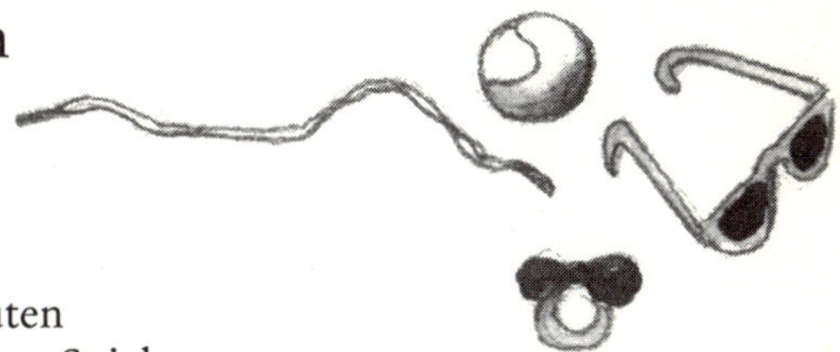

Überlieferung: mündlich
Spieler/innen: vier und mehr
Alter: ab 3 Jahren
Zeit: mindestens 15 Minuten
Material: Pfänder aus bisherigen Spielen; ein großes Tuch, durch das man nichts sehen kann
Ort: überall

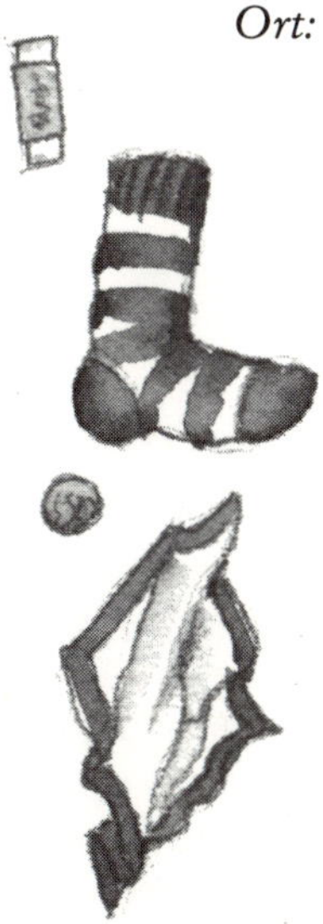

Die Pfänder werden alle in die Mitte des Kreises gelegt und mit dem Tuch zugedeckt. Der Spielleiter/die Spielleiterin greift unter dem Tuch nach einem Pfand, ohne daß jemand sieht, um welches Pfand es sich handelt. Nun spricht er/sie den Vers:
„Wem ist das Pfand
in meiner Hand,
was soll derjenige tun?“
Nun beschließen die Kinder gemeinsam, was der Pfandbesitzer machen muß, bevor er sein Pfand zurückerhält. Danach holt der Spielleiter/die Spielleiterin das Pfand unter dem Tuch hervor. Mögliche Aufgaben wären zum Beispiel, mit einem (abwaschbaren!) Stift einen Namen auf die eigene Stirn zu schreiben, unter'm Teppich durchzukrabbeln, mit verbundenen Augen ein bestimmtes Kind zu suchen, auf den Stuhl zu steigen und Kikeriki zu rufen.

Anmerkung/Variationen: Es können auch zwei Pfänder in die Hand genommen werden, und die beiden Besitzer/innen müssen gegeneinander witzige Wettkämpfe ausführen, wie z.B.: Wer hat das spitzeste Knie, wer holt schneller eine Zahnbürste, wer erklärt besser, was ein Flüwatüt ist, wer kann dem anderen länger in die Augen schauen, ohne zu lachen, wer dichtet den originelleren Zweizeiler, wer kann am besten einen Opa nachahmen, wer kann die wildeste und blödeste Schlagzeile erfinden, wer hat die meisten Sachen in der Hosentasche bzw. Tasche, wer hat den größten Zeh, wer kann die längere Schnur zwischen zwei Körperteile spannen, wer kann am schnellsten seine Schuhe aus- und wieder anziehen, wer kann länger auf einem Bein stehen, während er alle anderen zum Lachen bringt, wer hat die dunklere Sockenfarbe an, wer kann das dümmste Gesicht machen? etc.

Eins, Zwei, Drei, Vier, Fünf, Sechs, Sieben,
wo ist denn der Hans geblieben?
Ei, der sitzt im Butterfaß,
saperlott, was ist denn das!

3. Marienkäfer Puck und die Gänseliesel

Tisch- und Brettspiele

Tisch- und Brettspiele sind die Familienspiele schlechthin. Der Markt blüht schon seit einigen Jahren, und jährlich werden bei uns über 400 neue Spiele von den Herstellern angeboten. Wie soll jemand da herausfinden, was für die eigene Familie sein Geld wert ist. Spiele sind sehr teuer, doch wenn man die vielen Arbeitsstunden bedenkt, die in der Ausarbeitung eines Spiels stecken, ist der Preis schon nachvollziehbar. Doch zum Spielen mit Spaß und Spannung braucht man nicht unbedingt das perfekt gestaltete Spiel aus der Schachtel. Es gibt viele überlieferte Spiele, die mit Dingen gespielt werden können, die jeder Haushalt besitzt. Zum Beispiel „Schlafmütze“: Unsere ganze Familie war einen Winter lang im „Mützenfieber“. Kein Tag ging zu Ende, an dem wir nicht mindestens eine Runde gespielt hatten. Dabei bin ich nicht mehr sicher, ob wir Kinder immer zu dem Spiel aufforderten – unsere Eltern waren mit Sicherheit genauso oft daran interessiert. Das einzige, was mich maßlos dabei ärgerte, war mein kleiner Bruder, der vor jedem Spielzug immer stundenlang seinen Bauch befragen mußte, welche Karte er nun ablegen sollte.
Darüber hinaus gibt es Spiele, die Kinder und Erwachsene so schön finden, daß es sich lohnt, sie selbst nachzubasteln, falls sie im Handel nicht mehr erhältlich sind. Lange habe ich auf Flohmärkten gesucht, bis ich mein geliebtes Marienkäfer-Puck-

Spiel endlich wieder in den Händen hatte. Der Flohmarkt ist eine gute Möglichkeit, an billige Spiele oder auch an Spielmaterial zu kommen, aus dem dann ein Spiel wieder zusammengestellt werden kann. Kaputte Pläne sind leicht nachzumalen. Sie können auch eine Farbkopie vom Spielplan machen, den Sie in der Bücherei oder bei Freunden ausleihen. Zur Stabilisierung kleben Sie die Kopie auf einen festen Karton. Sicher sind die Kinder begeistert, wenn es neue Spiele zu basteln gibt.

Bilderlotto

Überlieferung: mündlich; Il Gioco del Lotto, das Lottospiel in Italien, gibt es seit 1530 fast ohne Unterbrechung, es hat dem uns bekannten Bilderlotto des 18. Jahrhunderts Pate gestanden; in Amerika entwickelte sich aus dem ähnlichen amerikanischen Lotteriespiel im 19. Jahrhundert das Bingo
Spieler/innen: zwei und mehr
Alter: ab 3 Jahren
Zeit: mindestens 5 Minuten
Material: 12 Kartons à DIN A 5, zwei gleiche Gartenkataloge, Schere und Klebstoff
Ort: am Tisch

Jeder Karton wird in sechzehn gleich große Felder eingeteilt. Die Kinder kleben immer zwei Kartons parallel, da am Ende immer zwei dieser Tafeln genau gleich aussehen müssen. Nun suchen die Kinder aus den Katalogen zwei gleiche Bilder heraus und kleben sie in die zwei Kartons hinein. Wer will, kann zwei Kartons mit Blumen, zwei mit Tieren, zwei mit Fahrzeugen und so weiter bekleben. Sind sie fertig, wird jeweils einer(!) der beiden gleichen Kartons in Kärtchen geschnitten. Das Spiel ist fertig. Jedes Kind bekommt eine der (nichtzerschnittenen) Tafeln, bei weniger als vier Spielern auch zwei. Die Kärtchen werden gemischt und verdeckt – das Bild ist nicht sichtbar – in die Mitte des Tisches gelegt. Nun zieht ein Spieler/eine Spielerin nach und nach die Kärtchen und zeigt sie den anderen. Wer dasselbe Bild auf seiner Tafel hat, bekommt es. Das Kind, dessen Tafel als erstes voll ist, hat gewonnen.

Anmerkung/Variation: Im 19. Jahrhundert entwickelte sich das Bilderlotto zum beliebtesten Lernspiel. Es gab das oben bereits erwähnte Bilderlotto, bei dem die Wahrnehmung gefördert wird und das Zahlenlotto, bei dem zum Beispiel eine Tafel mit drei gemalten Birnen auf die Zahl Drei gelegt werden muß. Beim Buchstabenlotto werden Bilder dem Anfangsbuchstaben des dargestellten Wortes zugeordnet, und beim Rechenlotto stehen auf der Tafel die Ergebnisse und auf den Kärtchen die Aufgaben, und schließlich gibt es das Leselotto: Hier ordnen die Kinder bereits die geschriebenen Wörter den Bildern zu – mit Sicherheit eine spannende Alternative zum gewöhnlichen Lernen.

Marienkäferdomino

Überlieferung: mündlich; es wurde vor mindestens 300 Jahren in China erfunden, im 18. Jahrhundert kam das Domino-Spiel nach Europa
Spieler/innen: zwei und mehr
Alter: ab 5 Jahren
Zeit: mindestens 15 Minuten
Material: 56 halbe Walnußschalen, rote und schwarze Lackfarbe, ein Pinsel
Ort: am Tisch

Die Walnußschalen mit der roten Farbe streichen und anschließend einige Stunden trocknen lassen. Mit der schwarzen Farbe wird nun jede mit einem dünnen Strich der Länge nach in zwei Hälften geteilt. Nun bilden Sie mit den Schalen, die bereits aussehen wie Käfer, 8 Reihen zu je sieben Stück. Nach folgendem System malen Sie nun die Punkte auf die Käfer: In der ersten Reihe bleibt eine Käferhälfte ohne Punkte. Der erste Käfer bekommt keinen Punkt, der zweite Käfer bekommt auf die zweite Hälfte einen, der dritte zwei Punkte und so weiter, bis zu sechs Punkten. In der nächsten Reihe bekommt jeweils eine Hälfte einen Punkt. Die anderen Hälften werden nun wieder von Null bis sechs punktiert. So verfahren Sie bis einschließlich der siebten Reihe. Die achte Reihe bekommt die doppelten Käfer. Alle Zahlen werden auf je einen Käfer zweimal gemalt, so bleibt einer wieder leer, der nächste bekommt zwei Einer, dann zwei Zweier, nun zwei Dreier und so weiter. Jeder Käfer, der auf beiden Hälften die gleiche Zahl hat, ist nun zweimal im Spiel. Wenn die Käfer gut getrocknet sind, kann das Spiel beginnen. Die Käfer werden auf den Rücken gedreht und gemischt, damit niemand mehr weiß, wo sich welche Zahlen befinden. Jeder Spieler/jede Spielerin nimmt sieben Käfer zu sich, die restlichen bleiben am Rand des Tisches liegen. Das Kind, das die wenigsten Punkte auf einem Käfer hat, beginnt. Es legt den Käfer in die Mitte des Tisches und versucht, noch weitere anzulegen. Anlegen können die Spieler/innen immer, wenn sie einen Käfer besitzen, der dieselbe Punktzahl auf einer Hälfte hat, wie der auf dem Tisch. Zum Beispiel: Das erste Kind legt einen Käfer mit je zwei Punkten in jeder Hälfte auf den Tisch. Eine weitere Zahl hat es nicht, und so ist das nächste Kind an der Reihe. Dieses hat einen Käfer mit zwei und vier Punkten und legt ihn an. Wenn es nun für die eine Hälfte des ersten Käfers noch eine zwei hätte, könnte es dort auch weiterlegen. Aber es besitzt nur eine Vier und Drei auf einem weiteren Käfer, den legt es an, und der nächste Spieler ist an der Reihe. Jeder darf so lange anlegen wie möglich. Kann ein Kind keinen Käfer anlegen, muß es von den restlichen einen neuen ziehen, und das nächste Kind ist an der Reihe. Wer als erster keinen Käfer mehr hat, ist Sieger.

Anmerkung/Variation:

Wenn die „Doppelkäfer", die mit Null/Null, Eins/Eins und so weiter längs gelegt werden, bekommen die Kinder wesentlich mehr Möglichkeiten zum Anlegen. Das bedeutet, ein normaler Käfer kann nur an zwei Seiten andere Käfer berühren, der Doppelkäfer aber an allen vier Seiten.

Einfaches Würfelspiel

Überlieferung: mündlich; außerdem 1882 festgehalten im Familienspielbuch
Spieler/innen: zwei und mehr
Alter: ab 3 Jahren
Zeit: mindestens 5 Minuten
Material: ein Farbwürfel, ein langes Stück Papier, dem Farbwürfel entsprechende Buntstifte, pro Kind eine Spielfigur (beispielsweise ein aus Buntpapier gefalteter Drache)
Ort: am Tisch

Das Papier wird quer zu einer Ziehharmonika gefaltet und anschließend wieder glatt gestrichen. Die Abschnitte kennzeichnen die Felder, die mit den Figuren gelaufen werden müssen. Jedes Feld bekommt nun einen Farbpunkt. Die Figuren sollen vom einen Ende des Spielplans bis zum anderen gezogen werden. Das erste Kind beginnt mit dem Würfeln und kann nur dann zum nächsten Feld ziehen, wenn die Farbe auf dem Feld dieselbe ist, die es gewürfelt hat. Nimmt man Drachen als Spielfiguren, kann der Spielplan unten mit einer Wiese und oben mit Himmel und Wolken bemalt werden, der Drachen hat gewonnen, der ganz nach oben ins letzte Feld gestiegen ist.

Anmerkung/Variation: Ein tolles Strandspiel, weil Sie nur den Zahlenwürfel mitnehmen müssen. Der Plan wird in den Strand gemalt, und in die Felder werden Zahlen zwischen 1 und 6 geschrieben. Die Kinder suchen sich Muscheln und Steine als Spielfiguren.

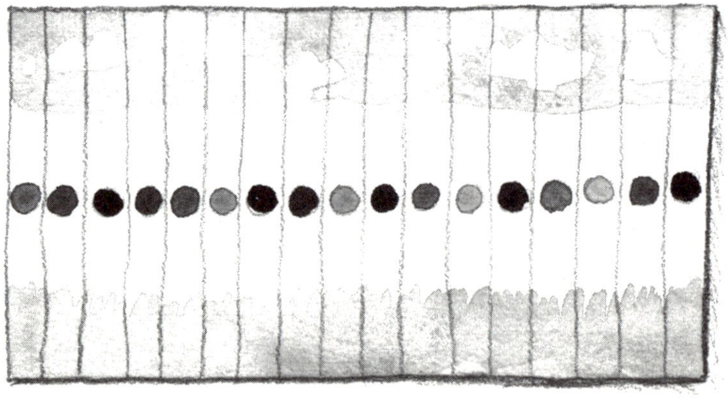

Das verflixte Kleeblatt

Überlieferung: mündlich; der Spielplan stammt aus dem Jahre 1880
Spieler/innen: zwei und mehr
Alter: ab 5 Jahren
Zeit: mindestens 15 Minuten
Material: 12 Figuren oder Spielmarken pro Kind, vielleicht aus dem Halma, zwei Würfel, der abgemalte Spielplan (oder im Kopiergeschäft vergrößert)
Ort: am Tisch

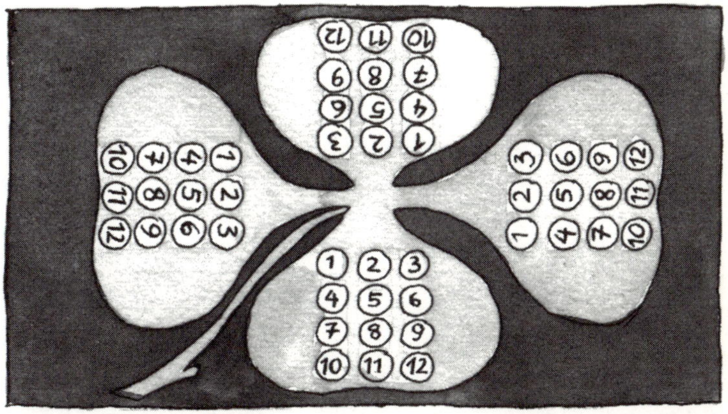

Jedes Kind bekommt eines der vier Kleeblattherzen zugeteilt. Die Kinder werfen nacheinander beide Würfel. Das erste Kind hat eine Drei und eine Fünf gewürfelt. Nun kann es je eine Figur auf die Drei und eine auf die Fünf setzen, oder es stellt eine auf die Acht, weil Acht die Summe aus Drei und Fünf ist. Wer zuerst sein Kleeblatt mit Figuren gefüllt hat, hat gewonnen. Allerdings ist das Spiel auch zu Ende, wenn ein Kind zwei Einsen gewürfelt hat. In diesem Fall ist Sieger, wer die höchste Summe aus den Punkten, die bereits mit Figuren besetzt sind, bilden kann.

Anmerkung/Variation: Auch dieses Spiel ist am Strand spielbar, wenn Sie zwei Würfel mitnehmen und die Kinder sich Steine und Muscheln suchen. Jeder Spieler malt nun ein Kleeblatt mit 12 Mulden vor sich in den Sand.

Fleißiger Einkauf

Überlieferung: mündlich überliefert aus dem Französischen; der Spielplan stammt aus dem Jahre 1880

Spieler/innen: zwei und mehr

Alter: ab 4 Jahren

Zeit: mindestens 15 Minuten

Material: zwei Würfel, eine Figur pro Kind, ein abgemalter Spielplan (oder im Kopiergeschäft vergrößert)

Ort: am Tisch

Die Spieler müssen im ersten Laden gewesen sein, bevor sie in den zweiten und dann in den dritten und so weiter dürfen. Es wird reihum gewürfelt. Der größte Einkäufer beginnt. Wer eine Eins auf einem seiner Würfel hat, darf seine Figur auf die Zahlenkombination der Einerfelder stellen, die er erwürfelt hat. Danach braucht er eine Zweierkombination, um weiterzukommen. So bewegen die Kinder ihre Spielfigur weiter, bis sie in einer der Fünferkombinationen stehen. Wer nun die ersten beiden Sechser auf seinen Würfeln vorweisen kann, darf das Spielfeld verlassen und hat gewonnen.

Anmerkung/Variation: Vielleicht haben Ihre Kinder ja Lust, diesen Spielplan mit Hilfe verschiedener Kataloge selbst zu gestalten.

Die lustigen Äffchen

Überlieferung: mündlich; der Spielplan stammt aus dem Jahre 1915. Ursprünglich kommt dieses Spiel aus Indien, wo es eine Parabel für den Weg zur spirituellen Vollendung war. Das Gute und die Weisheit führen durch die Leiter nach oben, das Böse direkt nach unten. Über England kam das Spiel zu uns. Es hat inzwischen kindliche Themen und keine religiöse Bedeutung mehr.

Spieler/innen: zwei und mehr

Alter: ab 4 Jahren

Zeit: mindestens 15 Minuten

Material: zwei Würfel, eine Figur pro Spieler/in, ein abgemalter Spielplan (oder im Kopiergeschäft vergrößert)

Ort: am Tisch

Die Spieler und Spielerinnen würfeln reihum. Bis zum Feld 81 darf immer mit zwei Würfeln gewürfelt werden, ab 82 nur noch mit einem. Auch ein Kind, das mit seiner Figur aufgrund von Spielanweisungen wieder hinter die 82 fällt, darf zwei Würfel benützen. Jeder Wurf gilt, und jedes Kind zieht seine Figur um die gewürfelte Anzahl an Feldern weiter. Kommt es dabei auf ein Feld, in dem ein Affe die Leiter hinaufklettert, darf er direkt in das Feld hüpfen, in dem die Leiter endet, zum Beispiel von Feld 7 auf das Feld Nummer 44. Ist es hingegen ein Feld, aus dem der Affe hinunterklettert oder -fällt, muß der Spieler/die Spielerin die Leiter hinunter und von diesem Feld an weiterspielen, wie es auch dem Spieler auf Feld 77 passiert, der zurück zum Feld 51 muß. Die Bockleiter auf Feld 4 besagt: zuerst zu 32 und dann sofort zurück zu Feld 2. Dagegen können die Spieler auf Feld 61 und 63 gleich nach 83 wandern, weil die Bockleiter auf beiden Seiten Äffchen hat, die hinaufsteigen. Wichtig ist der Affe auf Feld 85, er treibt den Spieler zurück auf das Feld 49. Das ist eine echte Gemeinheit! Wer das Feld 90 zuerst erreicht, hat gewonnen. Dabei verfallen die übrigen Würfelpunkte.

Anmerkung/Variation: Als Leiterspiel überall bekannt, gibt es sehr viele verschiedene Variationen, die sich eigentlich nur durch die dargestellten Themen unterscheiden. Deshalb ist dieses Spiel auch leicht selbst herzustellen.

90 89 88 87 86 85 84 83 82
73 74 75 76 77 78 79 80 81
72 71 70 69 68 67 66 65 64
55 56 57 58 59 60 61 62 63
54 53 52 51 50 49 48 47 46
37 38 39 40 41 42 43 44 45
36 35 34 33 32 31 30 29 28
19 20 21 22 23 24 25 26 27
18 17 16 15 14 13 12 11 10
1 2 3 4 5 6 7 8 9

Vergnügliches Zirkusspiel

Überlieferung: mündlich; der Spielplan stammt aus dem Jahre 1920. Laufspiele kannten bereits die Menschen im alten Ägypten, es ist insofern nur natürlich, daß in diesen Spielen damals wie heute Aufgaben zu bewältigen und Hindernisse zu überwinden sind.

Spieler/innen: zwei oder mehr

Alter: ab 3 Jahren, ein Kind muß lesen können

Zeit: mindestens 15 Minuten

Material: 26 Chips oder Bohnen und eine Spielfigur für jeden Spieler, ein Würfel, ein abgemalter (oder vergrößert kopierter) Spielplan

Ort: am Tisch

Alle Spieler und Spielerinnen erhalten die 26 Bohnen und zahlen 12 davon in eine gemeinsame Kasse ein. Es wird reihum gewürfelt, und die entsprechende Augenzahl mit der eigenen Figur gezogen. Wer auf ein rot markiertes Feld kommt, muß erst die Aufgabe erledigen, bevor das Spiel weitergehen kann.

Hierbei gilt für die:

Nr. 3: Klettere durch einen Ring, und rücke vor auf Feld 14, oder zahle eine Bohne, und gehe zu Feld 5.

Nr. 8: Klettere eine Leiter hoch, und spiele von dort weiter, oder du darfst erst weiter, wenn Du mit zwei Würfeln eine Acht gewürfelt hast. Du kannst aber auch eine Bohne Strafe bezahlen und den Rest vergessen.

Nr. 11: Erster Beifall für den Clown – bringe einen Deiner Mitspieler zum Lachen! Wenn es gelingt, rücke vor auf Feld 62, oder Du bezahlst eine Bohne und gehst auf Feld 14.

Nr. 16: Balanciere einen Gegenstand, den Deine Mitspieler bestimmen! Gelingt Dir das, darfst Du vor Freude darüber auf Feld 58 springen. Du kannst statt dessen nochmals würfeln, bei einer geraden Zahl geht's vier Felder vor, bei einer ungeraden vier zurück.

Nr. 21: Sprung durchs Feuer: Rücke ein Feld vor, wenn Du eine Eins und danach sofort eine Zwei würfeln kannst. Hast du eine Vier oder Fünf geschafft, darfst Du auf Feld 54. Mißlingt Dir beides, setze einmal aus und zahle eine Bohne.

Nr. 25: Baue eine Pyramide aus dem Tisch und den Stühlen, und rücke vor auf Feld 47. Oder zahle vier Bohnen in die Kasse.

1
2
3
4
5
6
7
8
9
10
11
12
13
14
15
16
17
18
19
20
21
22
23
24
25
26
27
28
29
30
31
32
33
34
35
36
37
38
39
40
41
42
43
44
45
46
47
48
49
50
51
52
53
54
55
56
57
58
59
60
61
62
63
64
65
66
67
68
69
70
71
72
73
74
75

Nr. 29: Der Zirkusdirektor ist auf die Nase gefallen, weil Du Deine Bananenschale einfach weggeworfen hast. Zahle zwei Bohnen in die Kasse, und rutsche ganz leise zurück auf 28.

Nr. 33: Schreckliches Gequäke: Ahme eine Trompete nach, und kassiere zwei Bohnen aus der Kasse. Oder gehe zurück auf Feld 13.

Nr. 40: Dem Dompteur ist der Hund weggelaufen: Führe ein Kunststück mit einem Mitspieler Deiner Wahl auf, dafür erhältst Du vier Bohnen aus der Kasse. Oder setze zweimal aus.

Nr. 46: Der Clown hat den Direktor zum Stolpern gebracht. Gehe zurück auf Feld 28, Du erhältst dafür drei Bohnen aus der Kasse.

Nr. 52: Der Clown pustet das Feuer aus: Gehe zurück auf Feld 19 – Du erhältst dafür aber vier Bohnen aus der Kasse.

Nr. 57: Alle Bälle sind zu Boden gefallen. Wirf gleichzeitig drei Figuren hoch und fange sie mit einer Hand wieder auf. Du erhältst dafür drei Bohnen aus der Kasse. Wenn es mißlingt, mußt Du sieben bezahlen.

Nr. 63: Erfinde eine eigene Zirkusnummer oder setze dreimal aus.

Nr. 67: Der Gerichtsvollzieher bittet zur Kasse: Gib alle Deine Bohnen ab!

Nr. 75: Wer mit dem passenden Wurf genau auf diese Feld kommt, erhält als Sieger zwei Drittel der Kasse, der/die Zweite den Rest. Wer über die 75 hinauswürfelt, kehrt um die doppelte Zahl der zuviel geworfenen Punkte zurück.

Anmerkung/Variation: Wie beim Gänsespiel ist auch hier folgende Variation möglich: Derjenige, der als zweiter in das Zielfeld kommt, beendet das Spiel. Es gewinnt trotzdem derjenige, der die meisten Bohnen hat.

Orakelspiel

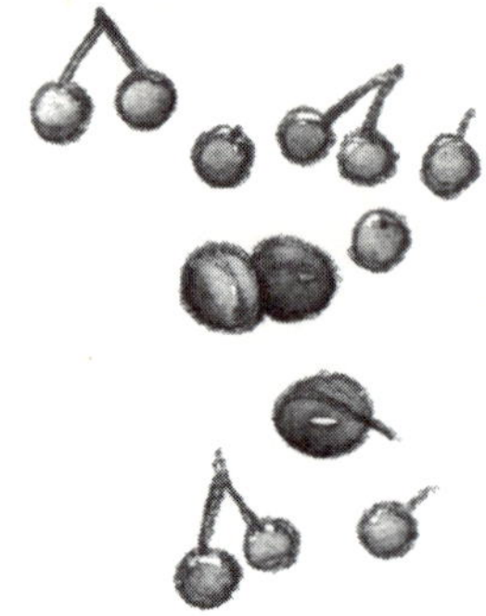

Überlieferung: mündlich überliefert von meiner Urgroßmutter
Spieler/innen: drei und mehr
Alter: ab 3 Jahren
Zeit: mindestens 5 Minuten
Material: ein Messer oder eine Flasche; viele Kirschen, Pflaumen oder anderes
Ort: am Tisch

Auf dem Tisch steht eine Schüssel mit Kirschen, die verteilt werden sollen, ohne abgezählt zu werden. Deshalb nehmen die Kinder ein Messer und drehen es in der Mitte des Tisches um sich selbst. Wenn es anhält, bekommt das Kind die nächste Kirsche, auf das die Spitze des Messers zeigt.

Anmerkung/Variation: Es können Stühle im Kreis aufgestellt werden. Dann wird eine witzige Frage so formuliert, daß die Antwort eine Person sein muß. Eine Flasche wird in der Mitte gedreht, und diese beantwortet als Orakel die Frage. Zeigt sie, wenn sie anhält, mit der Öffnung auf einen Spieler oder eine Spielerin, so ist er/sie es nach dem/der gefragt wurde, zeigt sie zwischen zwei Spieler/innen, so kann das Orakel nicht antworten. Danach ist die nächste Frage an der Reihe. Fragen sind zum Beispiel: Wer räumt die Küche auf? Wer hat sich heute morgen keine Zähne geputzt? Wer liest heimlich unter der Decke mit einer Taschenlampe?

Tippen

Überlieferung: mündlich überliefert von meiner Urgroßmutter
Spieler/innen: drei und mehr
Alter: ab 3 Jahren
Zeit: mindestens 10 Minuten
Material: viele Kirschen oder zwanzig Knöpfe
Ort: am Tisch

Zwanzig Kirschen liegen auf dem Tisch. Ein Kind schließt die Augen, währenddessen tippt ein anderes Kind auf eine der Kirschen. Das erste Kind darf nun die Augen wieder öffnen und so lange Kirschen in seine Schale sammeln, bis es die angetippte erwischt. Alle schreien dann: „Eins, zwei, drei, dein Spiel ist vorbei!“ Nun muß es aufhören. Die Kirschen werden aus dem großen Topf ergänzt, und der nächste schließt die Augen.

Erbsenpicken

Überlieferung: mündlich überliefert von meiner Urgroßmutter
Spieler/innen: drei und mehr
Alter: ab 3 Jahren
Zeit: mindestens 10 Minuten
Material: eine Stecknadel, zwei Schalen, 20 Erbsen (alles für je ein Kind)
Ort: am Tisch

Jedes Kind hat die zwei Schalen vor sich stehen. In einer Schale sind die Erbsen. Sie sollen nach dem Startzeichen mit der Nadel in die andere Schale gebracht werden. Wer zuerst fertig ist, hat gewonnen.

Anmerkung/Variation: Anstatt Erbsen können auch Radieschen, Gummibären oder Marshmellows genommen werden.

Groschenschnippen

Überlieferung:	mündlich überliefert von meiner Urgroßmutter
Spieler/innen:	drei und mehr
Alter:	ab 4 Jahren
Zeit:	mindestens 10 Minuten
Material:	für jedes Kind ein Groschen, Kreide
Ort:	am Tisch

In der Mitte wird mit der Kreide ein Kreis aufgezeichnet. Nun schnippen alle Spieler und Spielerinnen nacheinander ihren Groschen möglichst in den Kreis. Dabei kann es passieren, daß ein Groschen, der bereits im Kreis lag, von einem anderen wieder hinaus geschubst wird. Haben alle ihren Groschen geschnippt, bekommt jedes Kind, dessen Groschen im Kreis liegt, einen Punkt. In der nächsten Runde beginnt das Kind, welches in der letzten als zweites an der Reihe war. Wenn jedes Kind einmal angefangen hat, ist das Spiel zu Ende, und der Punktsieger kann ermittelt werden.

Anmerkung/Variation: In Kapitel 6 wird eine ganze Reihe von Murmelspielen beschrieben, die auf diese Weise mit Groschen auf dem Tisch gespielt werden können.

Sonnenblumenspiel

Überlieferung: mündlich überliefert von meiner Urgroßmutter
Spieler/innen: drei und mehr
Alter: ab 3 Jahren
Zeit: mindestens 10 Minuten
Material: ein großer Karton, ein Würfel, süße Sachen
Ort: am Tisch

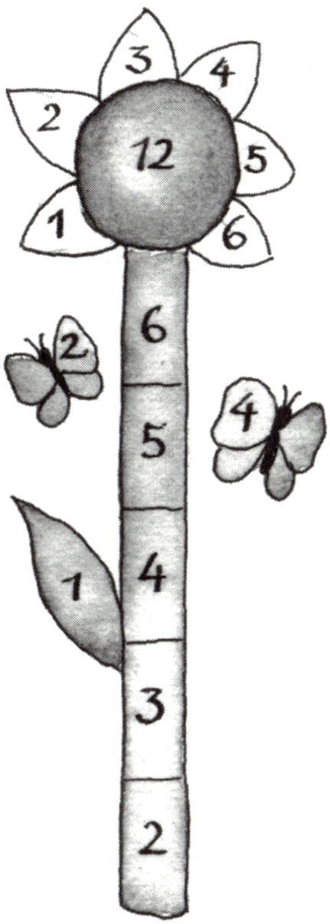

Die Kinder schneiden eine große Sonnenblume, wie in der Illustration gezeigt, aus dem Karton. Anschließend wird sie bunt angemalt und mit Zahlen von eins bis zwölf numeriert. Jetzt werden die einzelnen Teile der Blume ausgeschnitten. Sie müssen so groß sein, daß etwas Süßes auf den Kärtchen liegen kann, ohne daß die Zahl verdeckt wird. Nun legen die Spieler und Spielerinnen auf jedes Kärtchen einen Preis. Der Stengel und das Blatt müssen zuerst gewürfelt werden, bevor ein Teil der Blüte genommen werden kann. Die Zahlen müssen nacheinander erwürfelt werden. Also beginnt das Kind, das als erstes eine Eins gewürfelt hat, damit, das Blatt zu nehmen. Der Preis darauf gehört ihm. Als nächstes braucht man eine Zwei, um den ersten Teil des Stengels nehmen zu können. Wenn der Stiel ganz weg ist, darf an der Blüte das Blütenblatt mit der Nummer Eins als erstes weggenommen werden. Die große Samenscheibe in der Mitte kann erst nach der Fünf und zwar mit zwei Sechsern erobert werden. Die Spieler merken sich ihre erste Sechs, und nach einer weiteren dürfen sie sich das letzte Stück aus der Mitte, die Samenscheibe, nehmen. Die Schmetterlinge sind jederzeit zu ergattern, nur darf der Preis nicht sofort genommen werden. Sie flattern während des ganzen Spiels zwischen den Spielern hin und her. Jeder, der eine Zwei oder eine Vier gewürfelt hat, darf den Schmetterling zu sich nehmen. Das Kind, das den Schmetterling besitzt, wenn das letzte Teil aus der Mitte genommen wurde, erhält die Süßigkeit. Würfelt ein Kind eine Zwei oder Vier, muß es sich entscheiden, ob es den Schmetterling oder ein Teilstück der Sonnenblume nimmt, falls dies gerade möglich ist.

Anmerkung/Variation: Sind die Kinder murmelbegeistert, können auf den Blumenteilen auch Murmeln oder auch etwas ganz anderes liegen.

Schatzkammer knacken

Überlieferung: mündlich überliefert von meiner Urgroßmutter
Spieler/innen: drei und mehr
Alter: ab 3 Jahren
Zeit: mindestens 10 Minuten
Material: eine Tüte Gummibärchen, ein Würfel, eine Schachtel Streichhölzer
Ort: am Tisch

Ein Gummibärchen oder auch zwei oder drei werden in die Mitte des Tisches gelegt. Die Kinder stapeln nun als Schatzkammer die Streichhölzer in der Art eines Scheiterhaufens um den Bären. Wenn alle Hölzer verbaut sind, nimmt das erste Kind den Würfel, die erwürfelte Zahl darf es an Streichhölzer von der Schatzkammer wegnehmen. Dann ist das nächste Kind an der Reihe. Reihum wird nun die Schatzkammer wieder abgebaut. Sind alle Streichhölzer um die Bären herum weg, bekommt sie dsa Kind zu essen, das die meisten Streichhölzer in den Händen hält. Danach beginnt die nächste Runde.

Anmerkung/Variation: Spannender finde ich die Variation, bei der das Kind den Gummibären bekommt, das das letzte Streichholz wegnimmt. Dabei muß es allerdings die noch vorhandene Anzahl der Hölzer genau erwürfeln.

Gerade oder ungerade

Überlieferung: mündlich; außerdem 1882 im Familienspielbuch festgehalten
Spieler/innen: zwei und mehr
Alter: ab 5 Jahren
Zeit: mindestens 5 Minuten
Material: Knöpfe oder Murmeln oder Bohnen
Ort: am Tisch

Jedes Kind hat gleich viele Knöpfe in seinem Vorrat. Das erste Kind beginnt und nimmt eine Anzahl Knöpfe zwischen eins und vier in die Hand. Sein/e Mitspieler/in muß nun raten, ob das Kind eine gerade oder eine ungerade Anzahl von Knöpfen in seiner Hand hält. Hat das Kind richtig geraten, bekommt es die Knöpfe, die das andere Kind in der Hand hat. Rät es jedoch falsch, so muß es einen Knopf in die Hand hinzulegen, damit seine Vermutung wahr wird. Nun ist der/die nächste an der Reihe, Knöpfe in die Hand zu nehmen und das Kind raten zu lassen.

Anmerkung/Variation: Knobeln mehrere Spieler/innen zusammen, tragen immer zwei eine Partie aus, dann ist das nächste Paar an der Reihe. Jeder sollte einmal mit jedem knobeln, bevor der Sieger mit den meisten Knöpfen ermittelt wird.

Morra

Überlieferung: mündlich; außerdem 1882 im Familienspielbuch festgehalten. Das Spiel stammt ursprünglich aus dem Italienischen und bedeutet soviel wie „Ohne Verzug".
Spieler/innen: zwei und mehr
Alter: ab 5 Jahren
Zeit: mindestens 5 Minuten
Material: für jedes Kind 10 Bohnen oder ähnliches
Ort: am Tisch

Alle Spieler und Spielerinnen heben eine Hand, die zur Faust geballt ist, über den Kopf. Gemeinsam rufen sie: „Eins, Zwei, Drei", bei Drei strecken alle die geöffnete Faust vor den Oberkörper und zeigen eine beliebige Anzahl von Fingern. Gleichzeitig nennen sie eine Zahl, mit der jedes Kind eine Schätzung darüber abgibt, wieviel Finger momentan in die Luft gestreckt werden. Nun werden die Finger zusammengezählt, und das Kind, das am nächsten an der richtigen Zahl liegt, bekommt von allen anderen eine Bohne.

Anmerkung/Variation: Wenn nur zwei Kinder knobeln, können sie nur eine Zahl zwischen Null und Zehn nennen. Deshalb muß der Gewinner oder die Gewinnerin die Zahl genau vorausgesagt haben, um eine Bohne zu bekommen.

Stein, Papier, Schere

Überlieferung:	mündlich; außerdem 1882 im Familienspielbuch festgehalten
Spieler/innen:	zwei und mehr
Alter:	ab 4 Jahren
Zeit:	mindestens 5 Minuten
Material:	Knöpfe oder Murmeln oder Bohnen
Ort:	am Tisch

Zwei Kinder stehen sich gegenüber. Jedes bildet hinter dem Rücken eines der folgenden Zeichen. Stein – die Hand wird zur Faust geballt, Papier – die flache Hand, oder Schere – eine Faust mit ausgestrecktem Zeige- und Mittelfinger. Auf ein gemeinsames Zeichen hin zeigen sich die Kinder gleichzeitig das geformte Zeichen. Dabei gewinnt die Schere über das Papier, das Papier über den Stein und der Stein über die Schere. Wer gewinnt, bekommt einen Punkt gutgeschrieben.

Anmerkung/Variation: Alle diese beschriebenen Knobelspiele waren und sind beliebte Auslosespiele. So wird beispielsweise ermittelt, wer beim nächsten Spiel anfangen darf.

Eins, zwei, drei, vier, fünf, sechs, sieben,
eine alte Frau kocht Rüben,
eine alte Frau kocht Speck,
und du bist weg!

4. Der Plumpsack geht um!

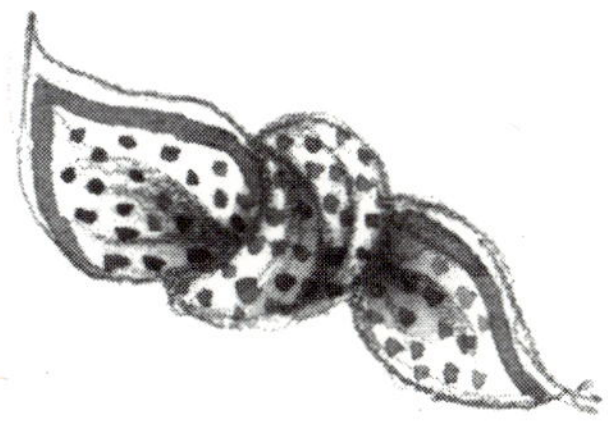

Bewegungsspiele im Haus

Die Spiele in diesem Kapitel eignen sich hervorragend für verregnete Tage oder Geburtstagsfeste, die in der Wohnung stattfinden. Kinder müssen auch dann ihren Bewegungsdrang ausleben, wenn sie nicht lange draußen sein können. Deshalb ist es wichtig, Spielideen für drinnen zu haben, die auch im kleinsten Wohnzimmer ausprobiert und gespielt werden können. Wie für die meisten Spiele in diesem Buch brauchen Sie dazu nur Material, das in jedem Haushalt vorhanden ist.
Sie müssen allerdings damit rechnen, daß es etwas lauter wird als sonst. Aber das sollte Sie nicht stören, denn sicher werden die Nachbarn begreifen, daß Kinder nicht immer nur leise sein können. Gerade wenn sie zu bestimmten Zeiten besonders still sein müssen, weil es die Hausordnung so verlangt, brauchen die Kinder auch eine Zeit, in der sie keine Rücksicht zu nehmen brauchen. Danach fällt es ihnen auch wieder leichter, leise zu gehen und nicht von den Stühlen zu springen.

Der Plumpsack geht um

Überlieferung: mündlich; dieses Spiel spielten bereits die Griechen in der vorchristlichen Zeit
Spieler/innen: sechs und mehr
Alter: ab 3 Jahren
Zeit: mindestens 10 Minuten
Material: 1 Taschentuch
Ort: überall

Alle Spieler/innen stehen im Kreis und schauen zur Mitte hin. Ein Kind läuft mit einem zusammengeknoteten Taschentuch um den Kreis herum. Hinter einem Kind seiner Wahl läßt er das Tuch fallen. Dieses nimmt das Tuch auf und rennt mit dem Kind einmal um den Kreis herum um die Wette. Wer als erstes die entstandene Lücke wieder erreicht, darf stehenbleiben. Der oder die andere muß mit dem Tuch weitergehen. Bekommt ein/e Spieler/in das Tuch hinter sich geworfen und hat dies noch nicht bemerkt, nachdem der „Plumpsack" eine Runde gelaufen ist, wird er/sie in die Mitte „verbannt".

Anmerkung/Variation: Dieses Spiel ist auch als „Faules Ei" oder „Der Fuchs geht um" bekannt. Dazu gibt es auch einen Spruch, den die Kinder im Kreis rufen können:
„Der Fuchs geht um,
der Fuchs geht um,
es geht ein böses Tier herum.
Der Fuchs geht los."
Bei „los" beginnt der Fuchs zu rennen und das Tuch zu werfen.

Strampelgasse

Überlieferung: mündlich; außerdem auf dem Gemälde „Die Kinderspiele" von Pieter Brueghel
Spieler/innen: fünf und mehr
Alter: ab 5 Jahren
Zeit: mindestens 5 Minuten
Material: keines
Ort: überall

Die Kinder setzen sich in zwei gleich langen Reihen soweit voneinander entfernt, daß sich die Füße gerade berühren können. Sie strampeln mit den Füßen so vorsichtig und langsam, daß sie den anderen nicht weh tun können. Das erste Kind beginnt, durch die entstandene Strampelgasse zu laufen. Ziel ist es, durch die Gasse zu kommen, ohne über die Beine zu stolpern.

Anmerkung/Variation: Die Kinder können auch Springseile zwischen sich spannen und diese bewegen.

Wettwickeln

Überlieferung: mündlich; mir hat es meine Großmutter beigebracht
Spieler/innen: zwei und mehr
Alter: ab 4 Jahren
Zeit: mindestens 5 Minuten
Material: pro Kind ein Spielzeugauto, eine leere Fadenrolle, 10 Meter Wolle
Ort: überall

Die Wolle wird an dem Auto und an der Fadenrolle festgeknotet. Alle Kinder haben die Fadenrolle in der Hand, und das Auto steht 10 Meter weit von den Kindern entfernt. Auf das Zeichen eines Kindes hin beginnen alle so schnell wie möglich, die Wolle auf die Rolle zu wickeln. Wem das Auto als erstes an die Füße stößt, hat gewonnen.

Anmerkung/Variation: Wenn statt Wolle normaler Bindfaden genommen wird, müssen die Spieler vorsichtig und gleichmäßig ziehen, da der Faden sonst reißt. Besonders für ältere Kinder und Erwachsene ist dies ein zusätzlicher Anreiz.

Pappdeckellauf

Überlieferung: mündlich
Spieler/innen: zwei und mehr
Alter: ab 3 Jahren
Zeit: mindestens 5 Minuten

Material: 2 Pappdeckel pro Spieler/in
Ort: überall

Eine bestimmte Strecke wird vereinbart, die überwunden werden muß, vielleicht einmal den Flur entlang. Jedes Kind hat zwei Pappen. Auf der einen steht es, und die andere hält es in der Hand. Mit dem Startzeichen beginnen alle damit, den Pappdeckel vor ihre Füße zu legen, auf ihn zu treten und den hinteren wieder nach vorne zu bringen, wieder einen Schritt weiter zu gehen und die Pappe wieder nach vorne zu holen. Wer zuerst das andere Ende des Flurs erreicht, ohne den Boden betreten zu haben, hat gewonnen.

Anmerkung/Variation: Als Spiel für Gruppen gilt folgendes: Die gleich großen Gruppen stehen in Reihen nebeneinander. Es gibt pro Gruppe eine Pappe mehr als Spieler/innen. Auf das Startzeichen hin legt das erste Kind aus jeder Reihe die Pappe vor sich und tritt darauf. Nun treten alle hinter ihm nacheinander auf die frei werdende Pappe. Das letzte Kind nimmt die Pappe von hinten und gibt sie an die vorderen Spieler/innen weiter. Hat sie den ersten erreicht, wird sie auf den Boden gelegt, und alle gehen wieder einen Schritt nach vorne. Die Gruppe, die als erstes am Ziel ankommt, hat gewonnen.

Schlapp hat den Hut verloren

Überlieferung: mündlich überliefert
Spieler/innen: fünf und mehr
Alter: ab 5 Jahren
Zeit: mindestens 10 Minuten
Material: keines
Ort: überall

Die Kinder sitzen in einem Kreis. Ein Spieler hat zu Anfang einen Hut auf und eröffnet das Spiel. Da er der Anfangsspieler ist, heißt er Schlapp, obwohl sein eigentlicher Name Thomas ist. Er gibt den Hut an Anke weiter und sagt: „Schlapp hat den Hut verloren, Anke hat ihn!" Anke gibt den Hut an Kilian weiter und behauptet: „Schlapp hat den Hut verloren, Anke hat ihn nicht, Kilian hat ihn!" So geht es weiter, bis jemand einen Fehler macht. Fehler sind: den Hut nicht weiterzugeben, Schlapp mit seinem Namen anzusprechen und den Text nicht vollständig zu sagen. Wenn ein Kind einen Fehler macht, setzt es sich links von Schlapp hin,und der jetzige rechte Nebensitzer wird zum neuen Schlapp und eröffnet die nächste Runde. So wird jeder im Laufe des Spieles einmal zu Schlapp.

Anmerkung/Variation: Je größer die Spielrunde ist, um so verwirrender und schwieriger wird das Spiel.

Nüsse tragen

Überlieferung:	mündlich
Spieler/innen:	zwei und mehr
Alter:	ab 3 Jahren
Zeit:	mindestens 5 Minuten
Material:	pro Kind ein Eßlöffel, 4 Walnüsse, 2 Teller
Ort:	überall

Alle Kinder stehen mit dem Rücken an einer Wand. Zwischen Kind und Wand steht ein Teller mit vier Nüssen. Die Kinder nehmen nun ihren Eßlöffel in die Hand. Auf ein gemeinsames Startzeichen hin löffeln sie eine Nuß und laufen an die gegenüberliegende Wand des Zimmers. Dort wird die Nuß in den zweiten Teller gelegt. Wer die Nuß unterwegs verliert, muß zurück zum Teller und von dort aus noch einmal starten. Das Kind, das alle vier Nüsse als erstes in den zweiten Teller transportiert hat, bekommt auch als erstes den Nußknacker, um sie zu essen.

Apfelrennen

Überlieferung:	mündlich
Spieler/innen	drei und mehr
Alter:	ab 3 Jahren
Zeit:	mindestens 5 Minuten
Material:	pro Kind ein Apfel, eine Stricknadel, Wolle
Ort:	drinnen

Durch jeden Apfel wird eine Stricknadel gesteckt. Die Wolle verknoten Sie an beiden Enden der Nadel, so daß eine Schlaufe von zehn Metern entsteht. Die Kinder legen die Äpfel auf die eine Seite des Zimmers und stellen sich gegenüber – mit der Wolle in der Hand – auf. Auf ein gemeinsames Startzeichen hin wickeln die Kinder die Wolle so schnell wie möglich auf. Wer den Apfel zuerst in der Hand hält, hat gewonnen.

Mit den Fingerlein

Überlieferung: mündlich überliefert von der Oma Lehmann aus Locherhof
Spieler/innen: drei und mehr
Alter: ab 3 Jahren
Zeit: mindestens 5 Minuten
Material: keines
Ort: am Tisch

Die Kinder sitzen alle um den Tisch herum und haben ihre Hände auf der Platte liegen. Nun sprechen sie ganz langsam folgenden Spruch:
„Mit den Fingerlein,
mit den Fingerlein,
mit der flachen Hand,
mit den Fäustelein,
mit den Fäustelein,
mit Ellenbogen, Hand."
Dabei wird immer mit dem entsprechenden Finger, der Faust etc. rhythmisch auf den Tisch geklopft. Mit der Zeit wird der Spruch immer schneller gesagt. Wer sich dabei verspricht oder das falsche Körperteil benutzt, muß ein Pfand abgeben.

Anmerkung/Variation: Weitere Pfandspiele finden Sie am Ende des ersten Kapitels.

Zimmerlauf

Überlieferung: mündlich
Spieler/innen: drei und mehr
Alter: ab 3 Jahren
Zeit: mindestens 5 Minuten
Material: keines
Ort: drinnen

Die Kinder stehen an einer Wand des Zimmers. Wer zuerst die gegenüberliegende Wand erreicht, hat gewonnen. Allerdings dürfen die Kinder immer nur die Ferse direkt an die Fußspitze setzen. Bei uns in Schwaben heißt das „Hennendäpperle". Auf ein gemeinsames Startzeichen hin geht's los.

Anmerkung/Variation: Wenn die beteiligten Kinder dabei noch viel zu große Schuhe anhaben, wird das ganze ein besonders lustiges Unterfangen, da sie ständig mit dem Gleichgewicht ringen.

Reise nach Jerusalem

Überlieferung: mündlich; 1882 im Familienspielbuch festgehalten
Spieler/innen: drei und mehr
Alter: ab 4 Jahren
Zeit: mindestens 10 Minuten
Material: Musik, 1 Stuhl weniger als Spieler/innen
Ort: drinnen

Die Stühle stehen in zwei Reihen mit den Lehnen aneinander mitten im Zimmer. Die Kinder tanzen zu einer flotten Musik um die Stühle herum. Eines der Kinder oder einer der Erwachsenen leitet das Spiel. Von Zeit zu Zeit stoppt er/sie die Musik. Dann müssen sich alle Kinder so schnell wie möglich auf einen der Stühle setzen. Ein Kind bekommt keinen Stuhl und muß ausscheiden. Es nimmt einen Stuhl aus der Mitte mit an den Rand und setzt sich darauf. Nach und nach gibt es immer weniger Stühle, um die gerangelt werden muß. Erst wenn nur noch ein Kind übrig ist, ist das Spiel zu Ende.

Anmerkung/Variation: Die kooperative, heutige Variante hat nur eine kleine Regeländerung, aber eine große Wirkung. Dabei wird auch nach jedem Musikstop ein Stuhl aus der Mitte genommen, aber niemand muß ausscheiden. Die Aufgabe der Spieler und Spielerinnen ist es, solange wie möglich auf den immer weniger werdenden Stühlen für alle Kinder Platz zu finden. Wenn die Kinder auf den vorhandenen Stühlen keinen Platz mehr finden, ist das Spiel zu Ende.

Familie Maier, Leier, Weiher

Überlieferung: mündlich
Spieler/innen: drei und mehr
Alter: ab 3 Jahren
Zeit: mindestens 5 Minuten
Material: für je 3–5 Kinder einen Stuhl
Ort: drinnen

Jedes Kind bekommt von dem Spielleiter oder der Spielleiterin einen Familiennamen sowie eine bestimmte Rolle ins Ohr geflüstert. Es gibt nur Familien, die so ähnlich klingen wie Maier. Von jeder Familie gibt es den Vater, die Mutter, den Sohn, die Tochter und das Baby. Die Spieler und Spielerinnen dürfen zu Anfang niemandem sagen, wer sie sind. Nach einem Startzeichen rufen alle Kinder laut ihren eigenen Namen. Haben sich alle Familienmitglieder gefunden, setzt sich der Vater auf einen Stuhl. Die anderen sitzen in der folgenden Reihenfolge auf den Schoß des Vorgängers: Mutter, Tochter, Sohn, Baby. Die Familie, die zuerst sitzt, hat gewonnen.

Anmerkung/Variation: Bei älteren Kindern, die schon lesen können, gilt folgende Regel. Jedes Kind erhält einen Zettel mit Namen und Rolle. Während eine Musik gespielt wird, laufen alle im Zimmer umher und tauschen diese Zettel. Erst wenn die Musik stoppt, suchen sich die Familien und setzen sich auf die Stühle. Dabei nimmt jeder Spieler die Rolle ein, die auf dem Zettel steht, welchen er im Moment in der Hand hat.

Der König ist nicht zu Hause

Überlieferung: mündlich; außerdem 1882 im Familienspielbuch festgehalten. Angeblich soll dieses Spiel auf den Dänenkönig Friedrich II. (1534 - 1588) zurückgehen, der mit diesem Spiel die höfische Steifheit auflockern wollte.
Spieler/innen: drei und mehr
Alter: ab 3 Jahren
Zeit: mindestens 10 Minuten

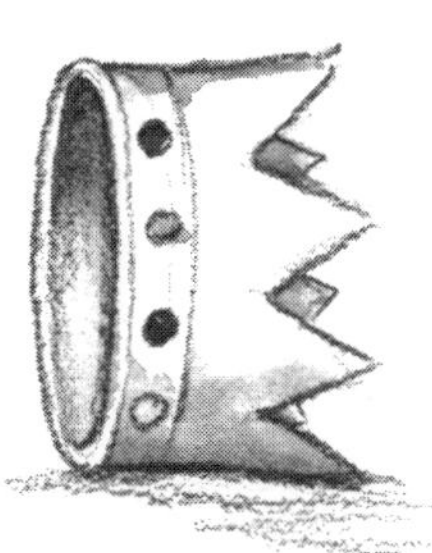

Material: keines
Ort: drinnen

Ein Kind ist König. Die anderen Kinder arbeiten pantomimisch. Sie stricken, kehren, schreiben, nähen usw. Erfolgt der Ruf des Königs: „Der König ist nicht zu Hause“, laufen alle Kinder durcheinander und machen jede Blödelei, die ihnen einfällt. Sobald der König ruft: „Der König ist wieder zu Hause“, müssen alle so schnell wie möglich wieder ihrer ursprünglichen Beschäftigung nachgehen. Wem dies als letztem gelingt, muß ein Pfand abgeben.

Anmerkung/Variation: Anstatt ein Pfand abzugeben, kann das Kind, welches als letztes seiner ursprünglichen Beschäftigung nachgeht, den König ablösen.

Wer bin ich?

Überlieferung: mündlich
Spieler/innen: vier und mehr
Alter: ab 4 Jahren
Zeit: mindestens 5 Minuten
Material: für jedes Kind ein Blatt Papier mit einem gemalten Tier
Ort: drinnen

Jedes Kind bekommt einen Zettel auf den Rücken geklebt, den es nicht gesehen hat. Auf jedem Papier ist ein anderes, durchaus bekanntes Tier gemalt oder geklebt. Die Spieler und Spielerinnen sollen nun herausfinden, welches Tier sie sind. Dazu gehen sie durch den Raum und können bis zu drei Fragen an dasselbe Kind stellen. Die Fragen dürfen aber nur so gestellt werden, daß sie mit Ja oder Nein zu beantworten sind. Wenn alle Kinder ihr Tier erraten haben, ist das Spiel zu Ende.

Anmerkung/Variation: Für ältere Spieler/innen können auch bekannte Persönlichkeiten auf die Zettel geschrieben werden.

Ringlein, Ringlein, du mußt wandern

Überlieferung: mündlich
Spieler/innen: sechs und mehr
Alter: ab 3 Jahren
Zeit: mindestens 10 Minuten
Material: ein Fingerring
Ort: drinnen

Die Kinder stehen in einem Kreis, eines in der Mitte. Die Spieler und Spielerinnen im Kreis halten eine Schnur, deren Enden miteinander verknotet sind. Die Schnur wurde vorher durch den Ring gezogen. Das Kind in der Mitte schließt die Augen, und eines der anderen Kinder nimmt den Ring in seine Hand. Nun darf das Kind wieder schauen und die anderen genau beobachten, während sie gemeinsam das Lied singen. In dieser Zeit wandert der Ring unauffällig von Hand zu Hand, indem die Kinder im Takt ihre Hände zusammenschieben. Ist das Lied zu Ende, rät das Kind in der Mitte, in welcher Hand der Ring jetzt ist. Hat es recht, tauscht es mit dem Ringbesitzer den Platz.
„Ringlein, Ringlein, du mußt wandern,
von dem einen Ort zum ander'n,
ach, wie herrlich, ach, wie schön,
wenn die Ringlein wandern geh'n."

Saline

Überlieferung: mündlich
Spieler/innen: fünf und mehr
Alter: ab 4 Jahren
Zeit: mindestens 10 Minuten
Material: keines
Ort: drinnen

Im Haus ist es ganz dunkel. Ein Kind sucht sich ein Versteck. Die anderen zählen bis 30 und beginnen dann einzeln, das versteckte Kind zu suchen. Wer es gefunden hat, setzt sich leise zu ihm. Wenn alle Kinder das Versteck gefunden haben, ist das Spiel zu Ende. Der Spieler, der das Kind zuerst gefunden hatte, darf sich nun verstecken.

Anmerkung/Variation: Am besten vereinbaren Sie mit den Kindern Orte, an denen man sich verstecken darf.

Jägerlatein

Überlieferung: mündlich
Spieler/innen: sechs und mehr
Alter: ab 4 Jahren
Zeit: mindestens 10 Minuten
Material: keines
Ort: drinnen

Ein Kind ist der Jäger, ein anderes der Schüler. Die restlichen Kinder sitzen im Kreis. Der Schüler verläßt den Raum, und der Jäger gibt jedem Kind den Namen eines Tieres aus unserem Wald. Nun wird der Schüler hereingerufen. Er muß nun herausbekommen, welches Kind welches Tier ist. Dazu befragt er den Jäger, der nur mit Ja oder Nein antworten darf. Nach einer zuvor vereinbarten Zeit wird gezählt, wieviel Tiere der Schüler erraten hat. Danach ist der/die nächste an der Reihe. Das Kind, das die meisten Tiere herausfinden konnte, hat gewonnen.

Anmerkung/Variation: Natürlich kann dieses Spiel auch mit anderen Themen gespielt werden.

Tellerdrehen

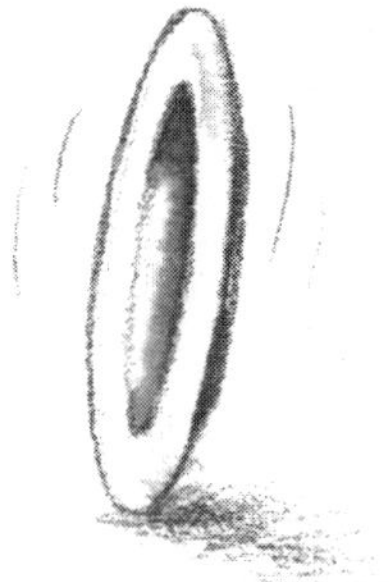

Überlieferung: mündlich
Spieler/innen: fünf und mehr
Alter: ab 5 Jahren
Zeit: mindestens 10 Minuten
Material: ein Kunststoffteller oder Topfdeckel
Ort: drinnen

Alle Kinder bis auf eines sitzen im Kreis. Der Kreis hat mindestens einen Durchmesser von 2 Metern. Ein Kind steht in der Mitte und dreht einen Teller auf dem Rand. Dazu ruft es den Namen eines Mitspielers. Dieser muß so schnell er kann zur Kreismitte laufen und den Teller auffangen, bevor dieser umfällt. Gelingt ihm dies gut, geht er an seinen Platz zurück, und das Kind in der Mitte muß den Teller nochmals drehen. Erst wenn einem Spieler der Teller umfällt, darf sich das Kind auf dessen Platz setzen, und der Spieler muß weiter drehen.

Flaschentanz

Überlieferung: mündlich
Spieler/innen: vier und mehr
Alter: ab 3 Jahren
Zeit: mindestens 5 Minuten
Material: 5 leere Flaschen
Ort: drinnen

Die Flaschen stehen mit etwas Abstand zueinander in einer Reihe. Dem ersten Kind werden die Augen verbunden. Es soll die ganze Strecke gehen, ohne eine Flasche umzuwerfen. Nacheinander sind alle Spieler/innen an der Reihe. Das Kind, das am Ende die wenigsten Flaschen umgeworfen hat, hat gewonnen.

Anmerkung/Variation: Ursprünglich ein sogenanntes Ärgerspiel, weil das tanzende Kind die Augen verbunden bekommt und die Flaschen anschließend weggenommen werden. Es tanzt dann wie der Storch im Salat, ohne daß es wirklich ein Hindernis gäbe, und das ausschließlich zur Belustigung der anderen!

Schneemann-Malen

Überlieferung: mündlich überliefert von meiner Großmutter
Spieler/innen: drei und mehr
Alter: ab 3 Jahren
Zeit: mindestens 5 Minuten
Material: weiße Kreide; wischbarer, glatter Fußboden
Ort: drinnen

Alle Kinder stehen in einem Kreis. Das erste Kind nimmt die Kreide und malt den Kopf des Schneemanns auf den Boden. Anschließend verbindet es dem nächsten Kind die Augen. Dieses hat vorher genau abgeschätzt, wie weit der Weg zum Kopf des Schneemannes ist und wie groß sein Rumpf gezeichnet sein muß. Es malt ihn blind, nimmt das Tuch ab und verbindet dem nächsten Kind die Augen. Erst wenn die dritte Kugel, die Augen, die Nase, die Ohren, der Mund, der Besen und die Knöpfe am Schneemann gezeichnet worden sind, ist das Spiel zu Ende.

Anmerkung/Variation: Weiße Kreide hinterläßt auf Parkett, Linoleum oder anderen glatten Bodenoberflächen keine Spuren. Im Zweifelsfall jedoch probieren Sie es lieber an einem Ort aus, der in der Regel nicht gesehen wird, zum Beispiel hinter der Türe.

Tausend Volt

Überlieferung: mündlich
Spieler/innen: drei und mehr
Alter: ab 3 Jahren
Zeit: mindestens 5 Minuten
Material: alles mögliche, was greifbar ist; ein Tisch
Ort: drinnen

Verschiedene Gegenstände liegen auf dem Tisch. Ein Löffel, Strickzeug, ein Apfel und einiges mehr. Ein Kind dreht sich um, während sich die anderen darüber mit Blickkontakt verständigen, welcher Gegenstand unter einer Spannung von tausend Volt stehen soll. Dann muß das Kind den Tisch abräumen. Berührt es den Gegenstand, auf den sich vorher alle geeinigt hatten, brüllen alle Kinder wie wild los. Nun werden die bis dahin genommenen Gegenstände gezählt, und das nächste Kind ist an der Reihe. Das letzte Kind darf jetzt den anderen einen neuen Gegenstand zeigen, der nun die tausend Volt haben soll. Wer am Ende die meisten Gegenstände vom Tisch nehmen konnte, bevor ihn der „Schlag“ traf, hat gewonnen.

Steifes Männchen

Überlieferung: mündlich; außerdem 1882 im Familienspielbuch festgehalten
Spieler/innen: acht und mehr
Alter: ab 5 Jahren
Zeit: mindestens 10 Minuten
Material: keines
Ort: drinnen

Bis auf ein Kind knien alle im Kreis. Ein Kind steht in der Mitte, hat die Arme am Oberkörper anliegen, die Beine geschlossen und macht sich ganz steif. Die anderen strecken die Arme in seine Richtung. Nun kann sich das Kind in der Mitte in eine Richtung fallen lassen und wird von den dort sitzenden Kindern mit den Händen gehalten und durch sanftes Schubsen an die anderen Kinder weitergegeben. Nach einer Weile wird gewechselt, und das nächste Kind darf in die Mitte.

Anmerkung/Variation: Erwachsene können im Kreis stehen, um ein Kind aufzufangen.

Eins, zwei, drei, vier Eckstein,
alles muß versteckt sein,
vor mir und hinter mir
gilt es nicht – ich komme.

5. Eins, zwei, drei, vier Eckstein, alles muß versteckt sein!

Versteck- und Geländespiele

Die folgenden Spiele umgibt alle das Flair von Freiheit und Abenteuer. Sie werden bis auf das Verstecken alle im Freien gespielt, möglichst in Geländen, die nicht ganz überschaubar sind, wo es Ecken und Winkel gibt, hinter denen sich die Kinder verstecken können. Welch ein herrlich kribbelndes Gefühl war es doch, als Kind hinter einem Busch zu sitzen und den Verfolger daran vorbeilaufen zu sehen. Nicht lachen zu dürfen, ja sich nicht einmal zu bewegen. Das ist für mich der Stoff, aus dem Kinderträume sind. Ich glaube, daß es ein natürlicher Drang aller Kinder ist, in diesen Abenteuern aufzugehen, ein wenig von dem auszuleben, was die Helden und Heldinnen der Kinderbücher mit soviel Mut bewältigen. Denken wir nur an Otfried Preußlers Räuber Hotzenplotz und seine vielen Abenteuer in Wald und Stadt.

Heldenträume hatten die Kleinen mit Sicherheit auch bereits vor tausend Jahren, und so ist es bis heute geblieben – lediglich die Heldengeschichten haben sich verändert. Die folgenden Spiele eignen sich hervorragend für Geburtstagsfeste, bei denen mit schönem Wetter zu rechnen ist. Oder Sie gestalten damit besondere Sonn- und Ferientage, an denen die Kinder mit ihren

Freunden und Freundinnen den ganzen Tag Zeit füreinander haben. Auch am Urlaubsort können diese Spiele beispielsweise mit befreundeten Familien gespielt werden. Mit Sicherheit macht es den Erwachsenen genausoviel Spaß wie den Kindern. Besonders das Stadtspiel läßt sich im Urlaub mit einem guten Stadtführer leicht durchführen, und Ihre Kinder werden dabei aufmerksamer sein denn je. Sicher können die Kleinen nicht alleine in einer fremden Stadt losgeschickt werden, aber die Spielgruppen können bestimmt problemlos so aufgeteilt werden, daß immer ein/e Erwachsene/r dabei ist.

Verstecken

Überlieferung: mündlich
Spieler/innen: drei und mehr
Alter: ab 4 Jahren
Zeit: mindestens 10 Minuten
Material: keines
Ort: überall, wo es Verstecke gibt

Ein Kind stellt sich an die Wand oder an einen Baum und zählt langsam bis zehn. Währenddessen suchen sich die anderen einen Platz, an dem sie sich verstecken können. Wenn das suchende Kind mit dem Zählen fertig ist, ruft es laut: „Eins, zwei, drei, ich komme!“ Nun beginnt es, die anderen Kinder zu suchen. Hat es jemanden entdeckt, läuft es zurück zur Wand und berührt diese, während es ruft: „Eins, Zwei, Drei, für ... (den Namen des Kindes).“ Das entdeckte Kind kommt aus dem Versteck. War es das erste, muß es in der nächsten Runde suchen. Die anderen Kinder haben die Möglichkeit, sich „freizuschlagen“, indem sie, wenn das suchende Kind weit genug entfernt ist, zur Wand laufen und rufen: „Eins, zwei, drei, ich bin frei!“ Dabei kann es schon mal ein Wettrennen zwischen Suchendem und Verstecktem geben. Wer zuerst die Wand berührt, hat gewonnen. Dann gilt das versteckte Kind entweder als frei oder als gefunden.

Anmerkung/Variation: Dieses ist die Grundform des Versteckspielens, aus der die anderen Variationen entstanden sind.

Drei Hölzle

Überlieferung:	mündlich
Spieler/innen:	drei und mehr
Alter:	ab 5 Jahren
Zeit:	mindestens 10 Minuten
Material:	3 Hölzer
Ort:	im Freien, möglichst in unüberschaubarem Gelände

Nachdem ausgemacht ist, wer suchen muß, nimmt ein Kind die drei Hölzer und wirft sie in die Gegend. Danach rennen alle anderen weg und suchen sich ein Versteck. Der/die Suchende muß nun so schnell es geht die drei Hölzer einsammeln. Sie werden wie bei einem Lagerfeuer gegeneinander gelehnt . Nun kann das Kind mit dem Suchen beginnen. Hat es jemanden gefunden, rennt es zu den drei Hölzern und ruft: „... (den Namen des Kindes) ist verbrannt." Dieses Kind kommt aus seinem Versteck und stellt sich in die Nähe der Hölzer. Schafft es ein Kind, unbemerkt aus seinem Versteck zu kommen und die Hölzer mit dem Fuß umzuwerfen, ruft es: „Eins, zwei, drei, alle sind frei." Es nimmt die Hölzer und wirft sie wieder so weit wie möglich fort. Alle bisher gefundenen Kinder können sich nun ein neues Versteck suchen, während dasselbe Kind, welches bis jetzt suchte, die Hölzer wieder einsammelt und von neuem beginnt. Nur wenn niemand es schafft, die Hölzer umzuwerfen, ist das zuerst gefundene Kind an der Reihe, in der nächsten Runde zu suchen.

Anmerkung/Variation: Das ist so ein tolles Spiel, daß wir in den Ferien ganze Tage damit verbringen konnten.

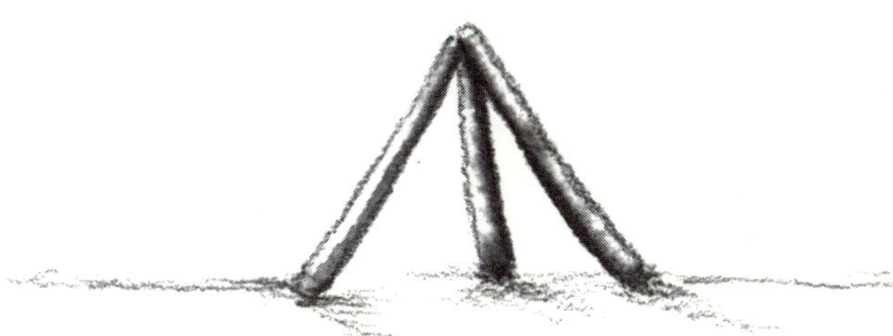

Schnitzeljagd

Überlieferung: mündlich
Spieler/innen: sechs und mehr
Alter: ab 5 Jahren
Zeit: mindestens 1 Stunde
Material: ein Schatz (zum Beispiel etwas zum Essen oder Trinken für alle), ein Sack Sägespäne oder Stroh
Ort: im Freien, möglichst im Wald

Die Kinder teilen sich in zwei gleich große Gruppen auf. Die erste Gruppe nimmt den Schatz und die Sägespäne und bekommt eine Viertelstunde Vorsprung. Sie läuft also zuerst los und kennzeichnet den Weg, den sie wählt, mit den Sägespänen. Natürlich darf sie dabei auch Irrwege markieren, Wege also, die nach einigen hundert Metern wieder aufhören und die Verfolger zwingen, zurückzugehen. Die Gruppe sucht sich ein Versteck, in dem sie mit dem Schatz auf die anderen wartet. Die zweite Gruppe verfolgt die erste nach der abgesprochenen Zeit möglichst schnell. Sie will nämlich verhindern, daß die erste Gruppe ein zu schwieriges Versteck finden kann, und möchte den Schatz noch möglichst auf offenem Feld entdecken. Da heißt es, bei den Weggabelungen gut zu überlegen, welchen Weg man nimmt und welcher der Irrweg sein könnte. Hin und wieder werden aber trotzdem alle in die Falle gehen und den falschen Weg wählen.

Anmerkung/Variation: Es ist sinnvoll, mit der ersten Gruppe zu vereinbaren, daß sie nach einer bestimmten Zeit ein Versteck sucht und nicht ewig weiterläuft.

Indianer

Überlieferung: mündlich; bei uns daheim hieß das Spiel „Indianerles"
Spieler/innen: sechs und mehr
Alter: ab 5 Jahren
Zeit: mindestens 20 Minuten
Material: eine Stammesfahne oder ein anderer Schatz
Ort: im Freien, am besten im Wald

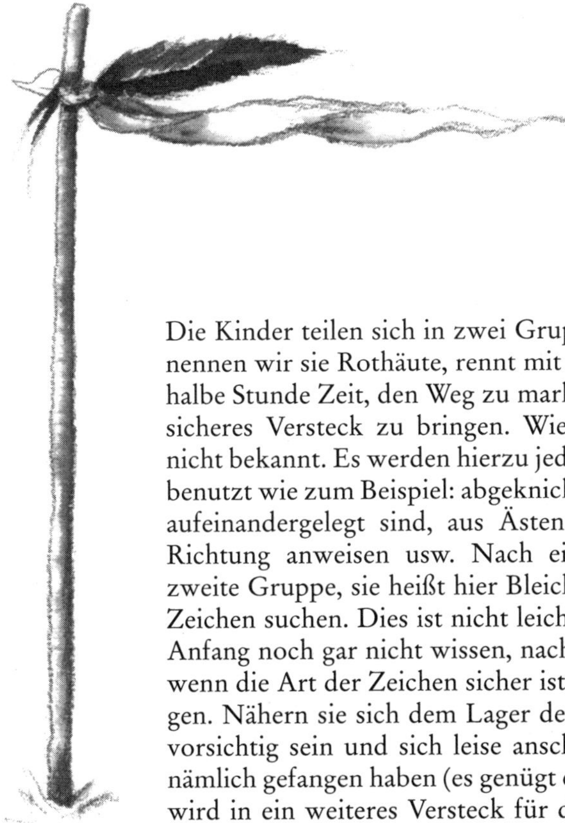

Die Kinder teilen sich in zwei Gruppen auf. Die erste Gruppe, nennen wir sie Rothäute, rennt mit ihrer Fahne los. Sie hat eine halbe Stunde Zeit, den Weg zu markieren und ihre Fahne in ein sicheres Versteck zu bringen. Wie sie den Weg markiert, ist nicht bekannt. Es werden hierzu jedenfalls nur natürliche Dinge benutzt wie zum Beispiel: abgeknickte Äste oder drei Steine, die aufeinandergelegt sind, aus Ästen gelegte Pfeile, welche die Richtung anweisen usw. Nach einer Viertelstunde darf die zweite Gruppe, sie heißt hier Bleichgesichter, losgehen und die Zeichen suchen. Dies ist nicht leicht, da die Bleichgesichter am Anfang noch gar nicht wissen, nach was sie suchen sollen. Erst wenn die Art der Zeichen sicher ist, können sie den Wegen folgen. Nähern sie sich dem Lager der Rothäute, müssen sie sehr vorsichtig sein und sich leise anschleichen. Wen die Rothäute nämlich gefangen haben (es genügt ein Antippen mit der Hand), wird in ein weiteres Versteck für die Gefangenen verschleppt. Die anderen Bleichgesichter können die Gefangenen befreien, wenn es ihnen gelingt, zu den Gefangenen durchzudringen und sie an der Hand hinauszuführen. Die Gefahr, dabei von den Rothäuten selbst erwischt zu werden, ist natürlich ziemlich groß. Haben die Rothäute alle Bleichgesichter gefangen, sind sie Sieger in diesem Kampf. Gelingt es jedoch auch nur einem Bleichgesicht, die Fahne zu berühren, sind alle Bleichgesichter frei, und der Sieg ist ihrer. Die Rothäute können in diesem Fall nur um eine Revanche bitten. Dabei gehen die Bleichgesichter nun voraus und verstecken die Fahne. Nach einer Viertelstunde werden sie dicht verfolgt von den Rothäuten.

Anmerkung/Variation: Indianerles ist eine aufregende Mischung aus den Spielen Verstecken, Fangen und Schnitzeljagd.

Lager

Überlieferung:	mündlich überliefert vom uralten Vater des Jugendherbergs-Besitzers in St. Johann/Tirol; hieß bei uns auch „Lägerle“
Spieler/innen:	acht und mehr
Alter:	ab 5 Jahren
Zeit:	mindestens anderthalb Tage
Material:	Nägel, Hammer, Messer, Schnur, Seile, eine alte Wolldecke, Getränke, Essen, Pflaster und alles, was ein Kind für den Lagerbau sonst noch braucht
Ort:	in einem natürlich gewachsenen Wald, nicht im Park, ohne die Erlaubnis einzuholen!

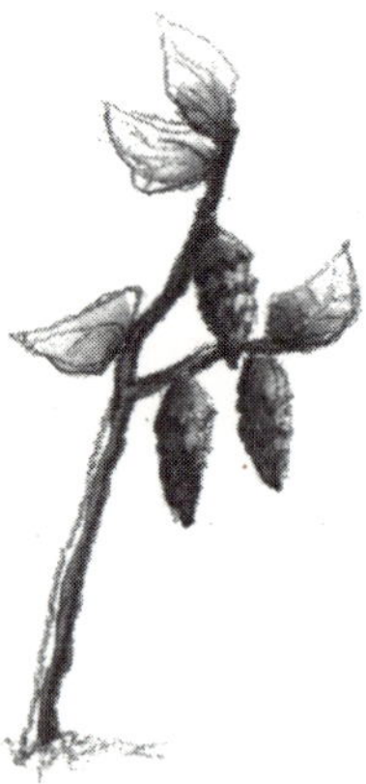

Zwei gleich große Gruppen begrenzen für die Dauer des Spieles das Waldgebiet, in dem sie sich aufhalten dürfen. Morgens gehen sie los und vereinbaren einen Zeitpunkt und Ort, an dem die Kinder sich nachmittags wieder treffen wollen. Jede Gruppe sucht sich nun einen guten, das heißt, möglichst ebenen, aber nur von wenig Seiten zu erreichenden Platz für das Lager aus. In den nächsten Stunden ist jede Gruppe damit beschäftigt, sich ein möglichst unauffälliges, also gut getarntes Lager zu bauen. Dann beraten die Kinder über einen Lagernamen und bauen sich aus Naturmaterialien ein Lagerzeichen. Zum verabredeten Zeitpunkt treffen sich alle Kinder und verhandeln die Spielregeln:

Gewonnen hat die Gruppe, die als erste das Lagerzeichen der anderen in ihr eigenes Lager gebracht hat.

Jedes Kind bekommt eine leicht reißbare Wolle als „Lebensband“ um den Oberarm gebunden.

Nur Spieler mit einem Lebensband können das Lagerzeichen holen.

Gefangen ist, wer das Lebensband, an ein Kind aus der anderen Gruppe verloren hat, das verlorene Band hat für keines der beiden Kinder weitere Bedeutung.

Der Gefangene folgt seinem Fänger in dessen Lager, ohne wegzulaufen.

Das Gefangenenlager muß in der Sichtweite des Hauptlagers sein.

Gefangene dürfen nur aus dem gegnerischen Lager, nicht auf

dem Weg dorthin, befreit werden.
Befreit wird ein Gefangener, indem er von einem Mitspieler im gegnerischen Lager abgeholt wird und im eigenen Lager ein neues Lebensband umgebunden bekommt.
Die Befreier/innen dürfen jederzeit von den gegnerischen Spieler/innen ebenfalls gefangengenommen werden. Die befreiten Spieler/innen müssen, sofern sie noch kein neues Lebensband erhalten haben, wieder mit zum gegnerischen Lager gehen.
Die Gefangenen dürfen das Lagerzeichen nicht an sich nehmen.
Spieler/innen, die sich nicht einigen können, wer das Lebensband des anderen zuerst abgerissen hat, bleiben am Ort des Geschehens sitzen und gehen mit dem nächsten Kind, das vorbeikommt, ohne Widerstand in sein Lager.
Gefangene können ausgetauscht werden. Dazu geht ein Kind mit einer weißen Fahne ins gegnerische Lager und verhandelt. Kinder mit der weißen Fahne dürfen nicht gefangengenommen werden. Sie dürfen aber auch keine Gefangenen befreien oder gar das Lagerzeichen stehlen.
Es ist sinnvoll, wenn die einzelnen Gruppen sich hin und wieder in ihrem Lager treffen, um gemeinsam zu besprechen, wie sie weiterspielen wollen oder ob Verhandlungen nötig sind.
Bis zum Start des Spieles dürfen die Kinder die gegnerischen Lager nicht suchen oder gar betreten.
Das Spiel beginnt um eine vereinbarte Zeit am nächsten Tag, und zwar für jede Gruppe im eigenen Lager.

Anmerkung/Variation: Eine tolle Ferienaktion, bei der die Erwachsenen die Kinder dabei unterstützen können, zwei Tage lang Abenteuer zu erleben. Wenn die Eltern das Geschehen begleiten, können die Kinder sogar in ihren Lagern schlafen. Eine Nachfrage beim zuständigen Förster hilft, Ärger zu vermeiden. Sicher nennt er Ihnen ein Gebiet, in dem Sie spielen können – natürlich ohne ein Feuer anzuzünden, denn das ist im Wald von Ende April bis Ende September wegen der hohen Brandgefahr verboten! Die Kinder können sich zusätzliche oder andere Spielregeln selbst ausdenken.

Wasserschlacht

Überlieferung: mündlich
Spieler/innen: sechs und mehr
Alter: ab 4 Jahren
Zeit: mindestens 20 Minuten
Material: zwei große Eimer Wasser; für jedes Kind ein Gefäß; eine Spritze oder eine Wasserpistole
Ort: im Freien, möglichst in unüberschaubarem Gelände, bei heißem Wetter

Jede Gruppe nimmt einen Eimer voll Wasser und schafft ihn an einen geheimen Ort. Er ist ihr einziger Wasservorrat und wird deshalb besonders gut bewacht. Die Kinder versuchen nun, sich mit den Wasserpistolen möglichst oft gegenseitig zu bespritzen. Ziel ist es, die andere Gruppe wesentlich nasser zu machen, als man am Schluß selbst ist. Deshalb versucht jede Gruppe, den Eimer der anderen zu verschütten. In das Wasserlager der anderen darf ein Kind zum Umstoßen des Eimers aber nur eindringen, wenn kein Kind aus dieser Gruppe neben dem Eimer steht.

Stadtspiel

Überlieferung: mündlich
Spieler/innen: sechs und mehr
Alter: ab 5 Jahren, ein Kind pro Gruppe sollte lesen können
Zeit: mindestens 30 Minuten
Material: Papier, Stifte, Informationen über die Stadt für die Vorbereitung
Ort: Dorf, Stadt

Das Spiel wird von einem/einer oder mehreren Spieler/innen gemeinsam vorbereitet. Sie können nachher die Gruppen zwar begleiten, dürfen die Ergebnisse aber nicht verraten. Die Kinder werden in mehrere Kleingruppen eingeteilt und laufen im Abstand von einer Viertelstunde los. Sie haben die erste Information in der Hand und müssen nun den beschriebenen Ort suchen. Zum Beispiel steht auf dem Zettel: „In unserer Stadt gibt es eine Gasse, die an einen bekannten Komponisten erinnert. Sucht sie und findet heraus, in welcher Zeit dieser Komponist gelebt

hat." Die Gasse heißt Mozartgasse, und nachdem die Kinder ein paar Leute gefragt haben, wissen sie, daß Mozart im 18. Jahrhundert gelebt hat. Am Gassenschild hängt ein Umschlag, in dem für jede Gruppe ein Zettel mit der nächsten Aufgabe steckt. Diese lautet beispielsweise: „Der Bach, der durch unseren Ort führt, hat eine kleine Brücke, die nur für die Fußgänger ist. Sucht dort einen Kiesel, der im Wasser wunderschön aussieht, im trockenen Zustand aber ganz langweilig ist." Wieder hängt an der Brücke die nächste Aufgabe. So geht es weiter, bis die Kinder ans Ziel kommen, um dort zum Beispiel Würstchen zu grillen. Sind alle Gruppen beisammen, werden die Aufgaben gemeinsam besprochen und ausgewertet. Für jede richtige Antwort erhält eine Gruppe einen Schokokuß. Mal sehen, ob am Ende jedes Kind einen bekommt. Danach werden die Schokoküsse mit Trostpreisen (es sind natürlich auch Schokoküsse) aufgestockt. Weitere Aufgaben könnten sein:
Bringt eine kaputte Glühbirne mit!
Im Rathaus: Wie heißt der stellvertretende Bürgermeister, und wann hat er Geburtstag?
Wann wurde die Glocke in der Nikolaikirche gegossen?
Wie heißt der berühmte Dichter dieser Stadt, und wo steht sein Denkmal?
In der Bücherei steht ein Bilderbuch im Fenster, von welchem Tier handelt diese Geschichte?
Welches ist das älteste Haus in unserer Stadt, und wo steht es?
Wie sind die Öffnungszeiten des Museums? etc.

Anmerkung/Variation: Das Spiel kann sich auch über mehrere Dörfer erstrecken. Dann nehmen alle Kinder ihre Fahrräder, und das Spiel gestaltet sich zu einem spannenden und interessanten Tagesausflug. Die Aufgaben werden hierbei an Luftballons gebunden, damit sie über weite Strecken hinweg zu sehen sind. Die Gruppen können unterwegs, während sie rasten, Aufgaben bekommen, die sie abends gemeinsam vorführen müssen, wie zum Beispiel eine akrobatische Nummer erfinden oder ein Gedicht über die Landschaft schreiben, ein Theaterstück mit dem Titel: „Das ungeheuerlichste Erlebnis am Waldrand" einüben usw.
Die Gruppe, die das Spiel vorbereitet hat, kann eine Stunde vor den anderen losfahren und die Aufgaben an Gebäuden, Bäumen oder Brücken anbringen.

Ritz und Ratz,
Maus und Katz,
Katz und Maus
und du bist draus!

6. Blinde Kuh

Fang- und Haschespiele

Der Häscher ist ein altes deutsches Wort für den Verfolger. So sind Haschespiele nichts anderes als Spiele, in denen eines oder mehrere Kinder die anderen fangen und ergreifen müssen. Diese Fangspiele machen um so mehr Spaß, je mehr Spieler und Spielerinnen sich daran beteiligen. Besonders schön sind Spiele, bei denen sich die Kinder gegenseitig helfen können oder alle am Ende gemeinsam in einer Gruppe stehen und somit alle gewonnen haben. Häufig kommt es bei diesen Spielen nicht nur auf Schnelligkeit an, sondern auch auf die Reaktionsfähigkeit, wie zum Beispiel bei „Dreimal abschlagen", das in diesem Kapitel beschrieben wird. Ein besonderer Vorteil dieser Spiele ist, daß sie fast alle ohne Material gespielt werden können. Sie müssen nicht vorbereitet werden und haben so einfache Regeln, daß sie sogar Kinder im Urlaub miteinander spielen können, die nicht dieselbe Sprache sprechen. Als ich acht Jahre alt war, habe ich mich gewundert, warum meine Eltern so erstaunt waren, daß wir Kinder in Frankreich dieselben Spiele mit den französischen Kindern spielten wie zu Hause auch. Für mich war dies völlig selbstverständlich. Daß wir eigentlich nicht miteinander reden konnten, wurde mir erst viel später klar. Wir Kinder hatten jedenfalls keinerlei Kommunikationsprobleme. Davon werden auch Sie spätestens dann überzeugt sein, wenn Sie Ihre Kinder im nächsten Urlaub bei den nun folgenden Spielen beobachten werden.

Blinde Kuh

Überlieferung: mündlich; außerdem 1560 auf dem Gemälde „Die Kinderspiele“ von Pieter Brueghel
Spieler/innen: vier und mehr
Alter: ab 3 Jahren
Zeit: mindestens 10 Minuten
Material: ein Tuch
Ort: überall, wo der/die Blinde sicher laufen kann

Die Spieler und Spielerinnen bewegen sich in einem begrenzten Spielfeld. Ein Kind bekommt die Augen verbunden und muß versuchen, eines der anderen Kinder zu fangen, die natürlich ausweichen und davonlaufen dürfen. Das Kind, das gefangen wird, bekommt nun die Augen verbunden und ist die neue „Blinde Kuh“.

Anmerkung/Variation: Auch dieses Spiel ist heute noch beliebt und wird häufig gespielt. Es sollte dabei aber respektiert werden, daß manche Kinder sich nicht mit verbundenen Augen bewegen möchten. Es gibt mehrere schöne Varianten dieses Spiels:

Blinde Kuh im Tanz

Bei diesem Spiel bekommen die Hälfte der Kinder die Augen verbunden. Während die Musik läuft, werden die Blinden nun abwechselnd von verschiedenen Sehenden im Tanz geführt. Stoppt die Musik nach einiger Zeit, müssen die Blinden erraten, wer sie zuletzt geführt hat. Danach werden den Sehenden die Augen verbunden.

Goofy

Ein Kind wird vom Spielleiter heimlich zu Goofy ernannt. Nun schließen alle anderen die Augen und bewegen sich vorsichtig im Raum. Trifft ein Kind auf ein anderes, fragt es: „Bist du Goofy?“ Bekommt es als Antwort dieselbe Frage gestellt, geht es weiter. Trifft es auf einen Stummen, so hat es Goofy gefunden und schließt sich ihm an, indem es Goofy an den Schultern packt. Nun ist es selbst zu Goofy geworden und damit stumm. Haben alle Kinder Goofy gefunden und sich ihm angeschlossen, ist das Spiel zu Ende.

Trägerwettlauf

Überlieferung: mündlich; außerdem auf dem Gemälde „Die Kinderspiele“ von Pieter Brueghel
Spieler/innen: sechs und mehr
Alter: ab 5 Jahren
Zeit: mindestens 10 Minuten
Material: zwei Steine für jede Gruppe
Ort: im Freien

Es wird zunächst eine Startlinie vereinbart. Am Anfang und am Ende einer zehn Meter langen Strecke liegt für jede Dreiergruppe ein Stein oder ähnliches auf dem Boden. Zwei Kinder stehen sich gegenüber und fassen sich gegenseitig ums Handgelenk. Ein drittes Kind setzt sich auf die entstandene Trage. Wenn alle Kinder sich in dieser Position an den Startpunkt gestellt haben, laufen sie auf ein Zeichen hin bis zu dem entfernt liegenden Stein. Dann springt das Kind von der Trage. Es wird jetzt selbst zum Träger, und die drei rennen, nachdem eines der anderen beiden auf der Trage Platz genommen hat, zurück zum Startstein. Dieser wird wieder umlaufen. Das dritte Kind wechselt auf die Trage und wird zurück zum Zielstein getragen. Die Gruppe, die als erste am Ziel ist, hat gewonnen.

Anmerkung/Variation: Immer die Kinder, die das letzte Spiel gewonnen haben, werden zur Belohnung eine Runde auf diese Art und Weise getragen.

Keulen schlagen

Überlieferung: mündlich; auf dem Gemälde „Die Kinderspiele“ von Pieter Brueghel
Spieler/innen: drei und mehr
Alter: ab 3 Jahren
Zeit: mindestens 5 Minuten
Material: eine Zeitung, ein Tuch
Ort: überall

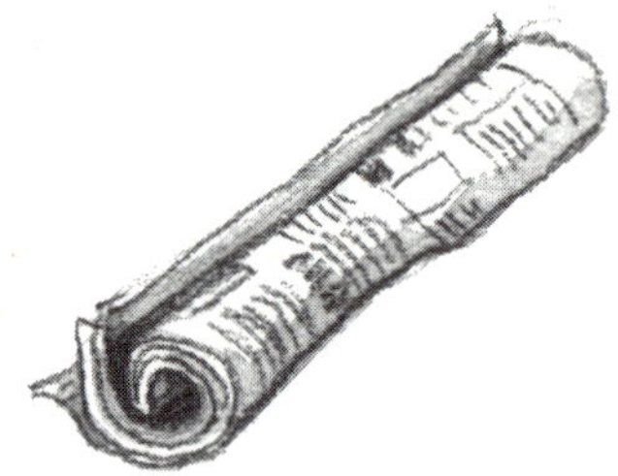

Ein Kind bekommt die Augen mit dem Tuch verbunden und hält eine zusammengerollte Zeitung in der Hand. Die anderen Spieler und Spielerinnen dürfen es nun necken und ärgern. Wenn das blinde Kind jedoch mit der Zeitung ein anderes Kind trifft, darf es sich das Tuch abnehmen. Das getroffene Kind muß sich nun die Augen verbinden lassen.

Anmerkung/Variation: Es ist auch möglich, ein ganz normales Fangen zu spielen, bei dem der Fänger mit der Zeitung abschlagen muß. Er wirft anschließend die Zeitung fort und hat so Zeit wegzulaufen.

Wer nicht läuft, ist mein!

Überlieferung: mündlich; schon meine Großmutter erzählte von diesem Spiel
Spieler/innen: drei und mehr
Alter: ab 3 Jahren
Zeit: mindestens 5 Minuten
Material: keines
Ort: überall

Die Kinder verteilen sich im Spielfeld. Ein Kind ist der Fänger, es läuft den anderen Kindern nach. Wenn es eines mit der Hand berühren kann, muß dieses ihn ablösen. Die Spieler/innen haben bestimmte „Freimale“ gewählt, an denen sie nicht vom Fänger abgeschlagen werden dürfen, wie zum Beispiel am Zaun, auf dem Stuhl oder im Sandkasten. Der Fänger ruft von Zeit zu

Zeit: „Das Freimal ist fein, wer nicht läuft, wird mein!" Nun müssen alle Kinder das Freimal loslassen und eine Runde rennen, bevor sie sich wieder in Sicherheit bringen dürfen.

Anmerkung/Variation: Dieses Spiel ist die einfache Grundvariante des Fangenspiels.

Schattenfangen

Überlieferung: mündlich
Spieler/innen: drei und mehr
Alter: ab 4 Jahren
Zeit: mindestens 10 Minuten
Material: keines
Ort: überall in der Sonne

Der Fänger muß hier die Kinder nicht mit der Hand abschlagen, sondern auf deren Schatten treten. Wer auf diese Weise abgeschlagen wird, muß weiterfangen.

Anmerkung/Variation: Wir waren als Kinder der festen Überzeugung, daß wir dieses Spiel selbst erfunden hatten, doch gab es dies in vielen Büchern schon lange vor unserer Zeit.

Bäumchen, wechsle dich!

Überlieferung: mündlich; auf jeden Fall seit 100 Jahren in Locherhof, wo es mir erzählt wurde, als „Mutter, wo läuft d'Scheer?" bekannt
Spieler/innen: drei und mehr
Alter: ab 4 Jahren
Zeit: mindestens 10 Minuten
Material: Bäume
Ort: Baumwiese

Es werden Bäume ausgesucht, die möglichst im Kreis stehen. Alle bis auf einen Spieler stehen neben oder vor einem Baum und berühren ihn. Das Kind ohne Baum ist der Fänger. Es ruft: „Bäumchen, wechsle dich!" Daraufhin müssen alle anderen die Bäume wechseln.

Der Fänger versucht in dieser Zeit eines der Kinder abzufangen, bevor es einen freien Baum berührt. Wer abgeschlagen wird, ist neuer Fänger.

Anmerkung/Variation: Diese Spiele sind auch als „Mutter, wo läuft die Schere?“ und „Von Baum zu Baum, wer hat kein' Baum?“ bekannt.

Dreimal abschlagen

Überlieferung: mündlich
Spieler/innen: sieben und mehr
Alter: ab 4 Jahren
Zeit: mindestens 10 Minuten
Material: keines
Ort: überall

Zwei gleich große Gruppen stehen sich in zwei Reihen mit mindestens 10 Metern Abstand gegenüber. Ein Kind läuft zur gegnerischen Reihe. Die Spieler/innen dort haben alle eine Hand ausgestreckt. Nun schlägt das Kind dreimal auf eine Hand. Das kann die Hand eines Spielers/einer Spielerin sein oder drei verschiedene. Nach dem dritten Schlag läuft das Kind zurück in seine Reihe. Das Kind, das den dritten Schlag auf die Hand bekommen hat, verfolgt es und versucht es zu fangen. Ist ihm dies gelungen, verläßt das gefangene Kind seine Gruppe und spielt bei den anderen mit. Konnte der Spieler/die Spielerin das Kind nicht fangen, muß er/sie selbst in der gegnerischen Gruppe mitspielen. Das Spiel ist zu Ende, wenn alle Kinder in einer Reihe stehen.

Anmerkung/Variation: Die ursprüngliche Variation hat auch ihren Reiz: Dabei stellen sich die „Gefangenen“ hinter das Kind, das sie entweder abgeschlagen hat oder das sie nicht erwischt haben. Wird nun dieses Kind selbst abgeschlagen, sind alle Kinder, die hinter ihm stehen, wieder frei und können in ihre Gruppe zurück. Die Gruppe, die als erste alle Kinder gefangen genommen hat, hat gewonnen.

Weberschiffchen

Überlieferung: mündlich; meine Mutter spielte es mit uns, als wir noch sehr klein waren – in dem gleichen Alter hatte sie es auch von ihrer Mutter gelernt
Spieler/innen: fünf und mehr
Alter: ab 3 Jahren
Zeit: mindestens 5 Minuten
Material: keines
Ort: überall

Alle Kinder stellen sich hintereinander in einer Reihe auf und fassen sich an den hochgehobenen Händen an. Nun gehen alle einen Schritt auseinander, ohne sich loszulassen. Der Webrahmen ist entstanden. Das letzte Kind läuft nun als Weberschiffchen durch die Reihe, einmal vorn herum, einmal hinten herum. Vorne stellt es sich wieder an und gibt dem ersten Kind die Hand. In der Zwischenzeit ist das nächste Kind schon lange losgelaufen.

Den Dritten jagen

Überlieferung: mündlich; außerdem 1882 im Familienspielbuch festgehalten
Spieler/innen: sieben und mehr
Alter: ab 4 Jahren
Zeit: mindestens 10 Minuten
Material: keines
Ort: überall

Immer zwei Kinder stehen hintereinander im Spielfeld. Ein Kind ist der Fänger und eines der Flüchtende. Dieses darf, wenn es nicht mehr laufen will, sich vor irgendein anderes Kind stellen. Das dritte Kind, das hinten steht, muß nun loslaufen, bevor es der Fänger erwischt. Es kann aber auch einfach nur nach vorne wechseln, und schon ist der/die Nächste an der Reihe. Wird ein Kind vom Fänger abgeschlagen, werden die Rollen getauscht.

Anmerkung/Variation: Das Spiel kann auch im Kreis gespielt werden. Dann müssen die Paare etwas Abstand zwischen sich lassen, damit die Kinder in den Kreis rennen können.

Katz und Maus

Überlieferung: mündlich
Spieler/innen: fünf und mehr
Alter: ab 4 Jahren
Zeit: mindestens 10 Minuten
Material: keines
Ort: überall

Alle Kinder bis auf zwei stehen im Kreis und geben sich die Hände. Die beiden anderen einigen sich, wer die Katze und wer Maus ist. Die Katze muß die Maus fangen. Am Anfang steht die Maus in der Mitte des Kreises und die Katze außerhalb. Die Katze ruft: „Mäuslein, Mäuslein, komm heraus." „Nein, ich komme nicht hinaus", antwortet da die Maus. „Sonst kratz ich dir die Augen aus!" schreit die Katze schon ganz wild, doch die Maus gibt frech zurück: „Dann spring ich schnell zum Loch hinaus." Nun ist das Rennen eröffnet. Die Katze versucht, in den Kreis zu kommen. Solange die Spieler/innen aber die Hände nach unten halten, kann die Katze nicht in den Kreis. Erst wenn zwei Kinder einen Bogen bilden, darf sie die Maus im Kreis jagen. Diese versucht, sofort aus dem Kreis hinauszukommen. Hat die Katze die Maus gefangen, sind zwei andere Kinder an der Reihe.

Anmerkung/Variation: Diese Grundversion des Spieles hat viele Variationen, die teilweise in den folgenden Spielen vorgestellt werden.

Katz und Maus im Labyrinth

Überlieferung: mündlich
Spieler/innen: 14 und mehr
Alter: ab 5 Jahren
Zeit: mindestens 10 Minuten
Material: keines
Ort: überall

Jeweils vier oder mehr Kinder geben sich die Hände und bilden eine Reihe. Die Reihen stehen mit etwas Abstand hintereinander. So entstehen Gänge, durch die gelaufen werden kann. Die Maus und die Katze stehen sich an den Gängen gegenüber. Sobald die Maus „Mischen" ruft, lösen die Kinder die Hände und machen eine Viertel Drehung nach links. Den neuen Nachbarn werden jetzt wieder die Hände gereicht, dadurch haben sich die Gänge um 90 Grad gedreht. Solange die Katze versucht, die Maus zu fangen, kann die Maus die Gänge durch Rufen immer wieder verändern. Fängt die Katze die Maus trotzdem, sind zwei andere Kinder an der Reihe. Die Kinder können die Maus antreiben und rufen: „Mäuschen, laß dich nicht erwischen, spring durch Gänge und ruf: Mischen!"

Anmerkung/Variation: Eine besonders anspruchsvolle Katz- und Maus-Version, bei der auch zwei Katzen mitspielen können.

Katz'- und Mäusenest

Überlieferung: mündlich
Spieler/innen: sechs und mehr
Alter: ab 3 Jahren
Zeit: mindestens 10 Minuten
Material: Kreide oder Hulahoop-Reifen
Ort: überall

Immer zwei Mäuse zeichnen sich einen Kreis auf den Boden. Das ist ihr Nest, in dem sie vor der Katze sicher sind. Eine dritte Maus bleibt übrig, die kein eigenes Nest hat. Sie wird von der Katze verfolgt und kann sich retten, indem sie in ein fremdes

Nest springt und dort eine Maus hinausschubst. Diese wird jetzt von der Katze verfolgt. Hat die Katze die Maus gefangen, tauschen die beiden ihre Rollen. Die neue Maus darf sich ein Nest aussuchen. Erst wenn dort eine Maus aus dem Nest geworfen wird, kann die Katze beginnen, sie zu fangen, vorher muß sie stehenbleiben und warten.

Anmerkung/Variation: Hier können auch schon die ganz jungen Mäuse mitspielen.

Räuber und Gendarm

Überlieferung: mündlich
Spieler/innen: sechs und mehr
Alter: ab 4 Jahren
Zeit: mindestens 10 Minuten
Material: keines
Ort: überall

Es gibt drei oder vier Gendarme, welche gemeinsam die Räuber fangen müssen. Am Anfang des Spieles wird ein Platz ausgemacht, der das Gefängnis darstellt. Alle gefangenen Räuber müssen in dieses Gefängnis gebracht werden. Die freien Räuber können durch Abschlagen die Gefangenen wieder befreien. Deshalb muß ein Gendarm immer vor dem Gefängnis Wache halten. Sind alle Räuber gefangen worden, werden die Gendarme zu Räubern und die Räuber zu Gendarmen.

Anmerkung/Variation: Ein Spiel, das sich toll im Wald spielen läßt, in dem sich die Räuber zusätzlich noch verstecken können.

Hilfezeck

Überlieferung:	mündlich; außerdem auf Gemälden des 18. Jahrhunderts - hier spielen es Kinder und Erwachsene zusammen
Spieler/innen:	fünf und mehr
Alter:	ab 4 Jahren
Zeit:	mindestens 10 Minuten
Material:	keines
Ort:	überall

Die Kinder laufen vor dem Fänger davon. Wird ein Kind vom Fänger in die Enge getrieben, kann ein anderes Kind ihm zu Hilfe eilen. Indem die Kinder sich umarmen, können sie vom Fänger nicht mehr gefangen werden. Wer trotzdem gefangen wird, ist der neue Fänger.

Anmerkung/Variation: Die Kinder können sich auch andere Bedingungen ausdenken, um nicht gefangen werden zu dürfen. Zum Beispiel muß – wie Reiter und Roß – sich ein Kind auf das andere setzen, oder eines muß das andere huckepack nehmen, beide müssen auf einem Bein stehen usw.

Versteinern

Überlieferung:	mündlich
Spieler/innen:	fünf und mehr
Alter:	ab 4 Jahren
Zeit:	mindestens 10 Minuten
Material:	keines
Ort:	überall

Der böse Zauberer versucht, alle Kinder zu fangen. Wen er abschlägt, der/die wird durch seine magische Macht sofort versteinert und kann sich nicht mehr bewegen. Kinder, die verzaubert sind, dürfen sich nicht mehr von der Stelle bewegen, an der sie gefangen wurden. Wenn alle Kinder verzaubert sind, darf das Kind, das als letztes gefangen wurde, der neue Zauberer sein.

Anmerkung/Variation: Das Spiel wird schwieriger für den Zauberer, wenn freie Kinder die verzauberten wieder erlösen können, indem sie ihnen durch die Beine krabbeln. Wenn der Zauberer es nun nicht mehr schafft, die Kinder zu fangen, kann er einen Zauberlehrling berufen, der ihm helfen muß.

Namenrettung

Überlieferung:	mündlich; Urgroßmutter erklärte uns Kindern dieses Spiel
Spieler/innen:	fünf und mehr
Alter:	ab 4 Jahren
Zeit:	mindestens 10 Minuten
Material:	keines
Ort:	überall

Die Kinder werden vom Fänger verfolgt. Wenn ein Kind in Gefahr gerät, gefangen zu werden, darf es in die Hocke gehen und schnell den Namen eines Mitspielers oder einer Mitspielerin rufen. Der Fänger muß sofort dem genannten Kind nachlaufen. Wer gefangen wird, ist der neue Fänger.

Schusterspiel

Überlieferung: mündlich
Spieler/innen: zwei und mehr
Alter: ab 4 Jahren
Zeit: mindestens 5 Minuten
Material: Kreide
Ort: überall

Ein Schneckenhaus wird auf den Boden gezeichnet. Am äußeren Ende des Schneckenhauses ist der Eingang, dort steht ein Kind und klingelt an einer imaginären Klingel. In der Mitte der Schnecke steht ein weiteres Kind, es ist der Schuster. Er hüpft auf einem Bein die Schnecke entlang und fragt das Kind am Eingang: „Was kann ich für Sie tun?" Das Kind antwortet: „Ein Paar neue Schuhe brauche ich, bitte." Beide Kinder hüpfen daraufhin auf einem Bein in die Mitte der Schnecke. Dort zeichnet der Schuster die Füße des Kunden auf dem Boden nach. Er fragt: „Kann ich sonst noch etwas für Sie tun?" „Ja", antwortet das Kind, „noch ein Paar Schuhbändel bitte." Der Schuster muß sich umdrehen und mit der Hand den Boden berühren, als ob er die Schuhbändel aufheben wolle. In dieser Zeit hüpft das Kind auf einem Bein die Schnecke entlang nach außen – der Schuster hinterher. Erreicht das Kind den Eingang, ist es frei; wird es zuvor vom Schuster eingeholt, muß es der neue Schuster sein. Ein anderes Kind kann beim Schuster klingeln.

Storch und Frösche

Überlieferung: mündlich
Spieler/innen: fünf und mehr
Alter: ab 3 Jahren
Zeit: mindestens 5 Minuten
Material: keines
Ort: überall

Ein Kind ist der Storch, die anderen sind die Frösche. Der Storch muß einen Frosch fangen, darf dabei aber nur auf einem Bein hüpfen. Die Frösche ihrerseits müssen sich in der Hocke

fortbewegen. Hat der Storch einen Frosch gefangen, wird dieser zum Storch.

Anmerkung/Variation: Spielen viele Kinder mit, können alle gefangenen Frösche zu Störchen werden. Das Spiel ist dann beendet, wenn alle Frösche sich in Störche verwandelt haben.

Russisches Rennen

Überlieferung: mündlich; außerdem 1882 im „Familienspielbuch" festgehalten
Spieler/innen: fünf und mehr
Alter: ab 4 Jahren
Zeit: mindestens 10 Minuten
Material: keines
Ort: überall

Die Kinder markieren an einer Stelle der Spielfläche ein Zeichen. Am Anfang stehen alle dort. Ein Kind beginnt umherzulaufen. Von Zeit zu Zeit tippt es einem anderen Kind auf die Schulter. Die angetippten Kinder müssen nun hinter ihm herlaufen. Hat das tippende Kind alle anderen Kinder hinter sich, beginnt es in großen Bögen über das Spielfeld zu laufen, um die

Kinder, die ihm folgen, möglichst weit vom Zeichen wegzuführen. Dann ruft es: „Alle an ihren Platz." Alle rennen sofort los. Wer als letztes beim Zeichen ankommt, ist der/die neue Anführer/in.

Anmerkung/Variation: Der Ruf des Kindes kann auch ein Zeichen sein, daß es nun beginnt, die anderen zu fangen. Das Kind, das als erstes gefangen wird, bevor es das Zeichen erreicht, muß in der nächsten Runde die anderen fangen.

Bären-Necken

Überlieferung: mündlich; vermutlich stammt es aus der Zeit, als die Gaukler noch mit Bären durch die Gegend zogen
Spieler/innen: neun und mehr
Alter: ab 5 Jahren
Zeit: mindestens 10 Minuten
Material: keines
Ort: überall

Zunächst wird ein viereckiges Spielfeld von mindestens 10 mal 10 Metern mit Pullovern oder Kreide begrenzt. Ein Kind ist der Bär, die anderen verteilen sich gleichmäßig auf die Eckpunkte. Nun laufen die Kinder möglichst gleichzeitig von Ecke zu Ecke. Dabei versucht der Bär, eines der laufenden Kinder zu fangen. Die Kinder dürfen durch Zurufen und Grimassenschneiden den Bär reizen, sie zu fangen. Gelingt es dem Bären, ein Kind zu schnappen, muß es dem Bären helfen. Sind alle Kinder gefangen, ist das Kind, das als erstes geschnappt wurde, der neue Bär.

Fuchsjagd

Überlieferung: mündlich
Spieler/innen: 10 und mehr
Alter: ab 4 Jahren
Zeit: mindestens 10 Minuten
Material: eine Zeitung, ein Karton oder ähnliches
Ort: überall

Alle Kinder stellen sich mit gespreizten Beinen hintereinander. Der entstandene Gang zwischen den Beinen ist der Fuchsbau. Am Anfang des Fuchsbaues steht ein Karton, darauf liegt die zusammengerollte Zeitung. Das erste Kind ist der Fuchs. Es nimmt die Zeitung, rennt ans Ende des Fuchsbaues und haut dem letzten Kind mit der Zeitung auf den Pol. Der/die Getroffene ist der Jäger. Der Fuchs rennt zurück zum Karton und legt dort die Zeitung ab, dicht verfolgt vom Jäger, der die Zeitung schnappt und dem Fuchs nachrennt. Dabei versucht er, den Fuchs so oft wie möglich mit der Zeitung auf den Po zu schlagen. Der Fuchs ist erst in Sicherheit, wenn er am Ende der Reihe in den Fuchsbau gekrochen ist. Er kriecht ganz hindurch und stellt sich vorne an die Reihe. Nun haut der Jäger dem nächsten Kind hinten in der Reihe auf den Po und verwandelt sich in diesem Moment in den neuen Fuchs. Das gehauene Kind wird zum Jäger und verfolgt den Fuchs. Dieser rennt nach vorne, legt die Zeitung ab und versucht möglichst schnell wieder hinten in den Fuchsbau zu krabbeln. Wenn alle Kinder einmal an der Reihe waren, ist das Spiel zu Ende.

Anmerkung/Variation: Bei diesem Spiel gibt es keine Gewinner/innen, aber umso mehr Spaß, nicht nur für die Kleinen.

Ene mene dubbe dene,
dubbe dene dalia
ebbe bebbe bembio,
bio bio buff.

7. Ochs am Berg, Esel und Zwerg!

Geschicklichkeits-, Murmel- und Kreiselspiele

Es läßt sich wohl kaum mehr nachvollziehen, wieviel Stunden wir als Kinder damit zubrachten, die folgenden Spiele tagein und tagaus auf der Straße zu spielen. Aber es waren viele, meine Erinnerung sagt mir, es war meine halbe Kindheit. Erst kürzlich wies eine wissenschaftliche Studie darauf hin, daß Kinder das Spielen auf der Straße dem Video- und Computerspiel vorziehen. Das läßt hoffen, daß unsere Kinder nicht vor den Bildschirmen vereinsamen werden – wie es bereits düstere Prognosen heraufbeschworen haben. Dennoch, leicht wird es unseren Kindern heute nicht gemacht, ihren Spieltrieb auszuleben. Es stehen ihnen immer weniger Freiräume zur Verfügung: Auf einer vierspurigen Stadtautobahn läßt sich nicht Indiaka spielen; in einem gepflegten Park dürfen heutzutage keine Löcher mehr für die Murmeln gegraben werden. Und auch auf den übersichtlich und ordentlich angelegten Kinderspielplätzen gibt es keine dunklen Ecken mehr, auf denen echte Abenteuer stattfinden könnten oder in denen sich ein Kind auch nur verstecken kann. Umso wichtiger ist es also, unseren Kindern das Spielen überhaupt erst zu ermöglichen, ihnen neue Spielräume zu schaffen, und die, die es noch gibt, zu erhalten.

Die folgenden Spiele fördern sehr stark die Feinmotorik der Kinder und lassen gleichzeitig viel Freiraum für neue Regeln und Varianten, welche die Kinder mit ihrer unerschöpflichen Phantasie immer wieder neu entdecken können.

Kreiseltreiben

Überlieferung:	mündlich; außerdem auf dem Bild „Die Kinderspiele" von Pieter Brueghel; es gibt Hinweise auf das Kreiseltreiben, die bis ins alte Rom zurückreichen
Spieler/innen:	eine/r und mehr
Alter:	ab 5 Jahren
Zeit:	mindestens 5 Minuten
Material:	ein Kreisel, eine Schnur am Stock
Ort:	auf Straßen und Plätzen

In Holzspielwarenläden gibt es sie heute wieder zu kaufen: die Kreisel. Die Schnur wird um den Kreisel gewickelt, der anschließend auf den Boden gestellt wird. Mit dem Schwung, den der Kreisel bekommt, wenn das Kind nun die Schnur zur Seite zieht, läuft der Kreisel los. Durch das Peitschen des Kreisels bekommt er immer wieder neue Kraft, um sich weiter zu bewegen.

Anmerkung/Variation: Es gibt auch Kreisel, die mit den Fingern angetrieben werden. Dazu wird die verlängerte Kreiselachse zwischen Daumen und Zeigefinger genommen. Man hält den Kreisel über einer ebenen Fläche fest und läßt ihn aus den Fingern schnippen. So einen Kreisel kann sich jedes Kind selber bauen. Dazu nimmt es eine leere, dicke Garnrolle und sägt sie in der Mitte durch. In das Loch wird ein passendes Rundholz geklebt. Den Kreisel anmalen, und schon ist er fertig.

Ringspiel

Überlieferung: mündlich; Murmeln kannte man bereits im vorchristlichen Rom und im antiken Ägypten
Spieler/innen: zwei und mehr
Alter: ab 4 Jahren
Zeit: mindestens 5 Minuten
Material: viele Murmeln, Kreide
Ort: überall auf ebener Fläche

Mit der Kreide wird ein Kreis von ungefähr 30 cm Durchmesser aufgezeichnet. Um diesen Kreis ziehen die Kinder noch einen zweiten mit zwei Metern Durchmesser. In den kleinen Kreis legt jedes Kind zwei Murmeln hinein. Nun stellen sich alle Kinder hinter die äußere Linie. Nacheinander sind alle an der Reihe, mit einer eigenen Murmel in den kleinen Kreis zu schießen, um dort andere Murmeln aus dem kleinen Kreis herauszustoßen. Alle Murmeln, die nach dem Schuß eines Kindes nicht mehr im kleinen Kreis liegen, darf dieses an sich nehmen.

Anmerkung/Variation: Dieses Spiel ist die älteste Version des Murmelspiels, die wir heute kennen und aus der alle anderen entwickelt worden sind. Schussern, Murmeln, Marmeln, Klicker, Schneller, Märbeln und Rudler sind die Namen, die für viele Kinder die Welt bedeuten. Es gab eine Zeit, da war für uns jede Murmel ein größerer Schatz als das nächste Taschengeld. Nur wer eine Menge Murmeln besaß, konnte mitmischen. Und vor allem die begehrten, schönen waren oft einen recht hohen Einsatz wert. Ganz früher waren die Murmeln aus Marmor gemacht, später wurden sie aus dem viel billigeren Ton und Glas hergestellt.

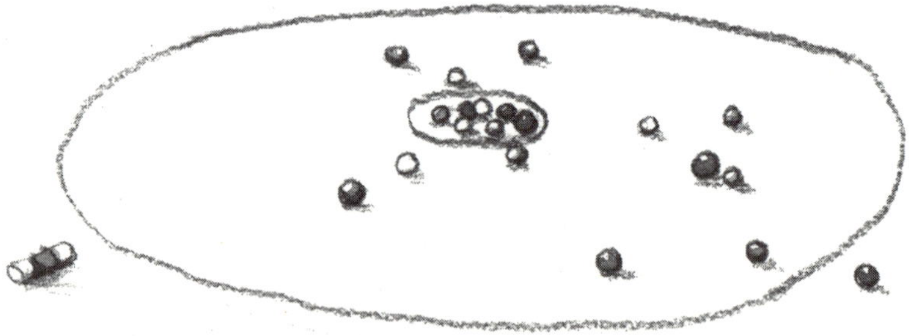

Schlag auf Schlag

Überlieferung: mündlich
Spieler/innen: zwei und mehr
Alter: ab 4 Jahren
Zeit: mindestens 5 Minuten
Material: viele Murmeln, Kreide
Ort: überall auf ebener Fläche

Die Kinder ziehen einen Kreis von zwei Metern Durchmesser. In dessen Mitte wird von jedem Kind eine Murmel gelegt. Außerhalb der Kreislinie schießen alle nun nacheinander auf die Murmeln und versuchen, sie zu treffen. Alle Murmeln, die dabei im Kreis liegen bleiben, dürfen nicht zurückgeholt werden. Trifft nun ein Kind eine der Murmeln in der Mitte, darf es sie nehmen und von dort aus, wo seine Murmel liegengeblieben ist, auf eine weitere Murmel im Kreis schießen. Es darf weiter solange weiterschießen, wie es trifft, und die getroffenen Murmeln einstecken.

Anmerkung/Variation: Eine spannende Variation des Ringspieles

Die Bombe

Überlieferung: mündlich
Spieler/innen zwei und mehr
Alter: ab 4 Jahren
Zeit: mindestens 5 Minuten
Material: viele Murmeln
Ort: überall auf ebener Fläche

In die Erde wird eine kleine Mulde gegraben. Jedes Kind legt eine Murmel als Einsatz hinein. Nun läßt das erste Kind eine Murmel direkt über dem Loch fallen. Alle Murmeln, die dabei aus der Mulde springen, gehören dem Kind, und das nächste ist an der Reihe.

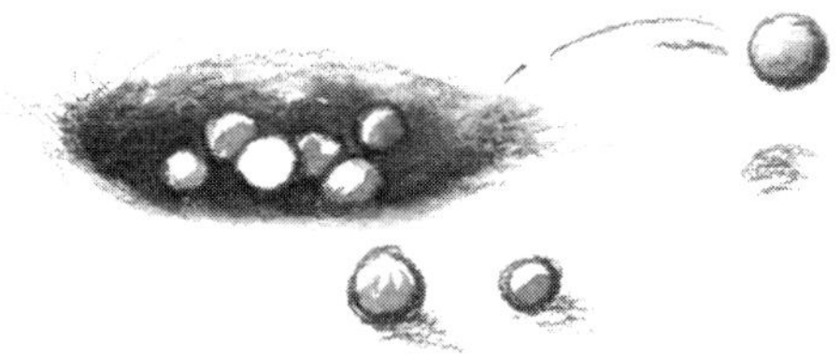

Anmerkung/Variation: Auch hier können die herausgenommenen Murmeln durch den gemeinsamen Vorrat aufgefüllt werden.

Murmelviadukt

Überlieferung: mündlich
Spieler/innen: zwei und mehr
Alter: ab 4 Jahren
Zeit: mindestens 5 Minuten
Material: viele Murmeln, ein Schuhkarton oder ähnliches, ein Stift, ein Block
Ort: überall auf ebener Fläche

In die Hälfte eines Schuhkartons werden an der offenen Kante fünf Löcher eingeschnitten. Wer will, kann den Karton noch bunt anmalen. Über die Löcher werden die Zahlen 2, 4, 6, 8 und 10 geschrieben. Der Karton wird mit der offenen Seite nach unten gestellt. Die Kinder ziehen eine Linie, hinter der die Murmeln abgeschossen werden. Jedes Kind, das in eines der Löcher trifft, bekommt die darüberstehende Zahl an Punkten gutgeschrieben. Wer die meisten Punkte hat, bekommt vom schlechtesten Spieler drei Murmeln. Das Kind mit der zweithöchsten Punktzahl bekommt vom zweitschlechtesten zwei Murmeln. Das mit der dritthöchsten Zahl bekommt eine Murmel von dem, der am drittwenigsten Punkte hat.

Anmerkung/Variation: Wer möchte, daß sein „Murmelviadukt" lange hält, sollte es lieber gleich aus Holz bauen.

Einlochen

Überlieferung: mündlich
Spieler/innen: zwei und mehr
Alter: ab 4 Jahren
Zeit: mindestens 5 Minuten
Material: viele Murmeln
Ort: überall auf ebener Fläche

Eine Mulde – umrandet von einem flachen, schmalen Graben – wird in den Boden geritzt. Alle Kinder legen eine Murmel in den Graben. Sie kennzeichnen mit einem Kreis um die Mulde den Abstand, aus dem geschossen werden soll. Das erste Kind beginnt, auf eine Murmel im Graben zu schießen. Ziel ist es, sie in die Mulde zu schubsen. Hat es eine Murmel eingelocht, darf es weitermachen. Erst wenn es keine Murmel mehr einlocht, ist der oder die nächste an der Reihe. Vorher darf es alle Murmeln, die in die Mulde gefallen sind, herausnehmen und behalten.

Anmerkung/Variation: Schwieriger wird es, wenn nur eine Murmel an den Rand gelegt wird. Das Kind, das sie eingelocht hat, bekommt einen Punkt. Die Murmel wird wieder an den Rand gelegt, und es darf solange weiterprobieren, bis es danebenschießt.

Kuhlenklicker

Überlieferung: mündlich; außerdem auf dem Gemälde „Die Kinderspiele“ von Pieter Brueghel
Spieler/innen: zwei und mehr
Alter: ab 4 Jahren
Zeit: mindestens 5 Minuten
Material: viele Murmeln
Ort: überall auf ebener Fläche

Eine Mulde wird in den Boden gegraben. Die Kinder kennzeichnen eine Abschußlinie. Von dieser Linie aus versuchen sie nacheinander, je drei eigene Murmeln in das Loch zu treffen. Die Murmeln, die nicht in das Loch rollen, werden liegengelassen. Nachdem alle ihre drei Versuche beendet haben, beginnt das Kind, welches die meisten Murmeln in die Mulde schießen konnte, mit dem Spiel. Es versucht nun, möglichst viele der liegengebliebenen Murmeln einzulochen. Solange es jedesmal eine in die Mulde trifft, darf es weiterspielen. Ansonsten kommt das Kind an die Reihe, das die zweitmeisten Murmeln eingelocht hatte oder dessen Murmel dem Loch am nächsten liegt. Wer die letzte Murmel einlocht, bekommt alle Murmeln aus der Mulde.

Anmerkung/Variation: Für kleine Klickeranfänger/innen ist es eine recht schwierige Erfahrung, so viele Murmeln zu verlieren. Deshalb ist es besser, wenn jedes Kind für jede Murmel, die es ins Loch bringt, einen Punkt bekommt. Wer die meisten Punkte hat, ist Sieger. Damit es mit dem Zählen nicht so kompliziert wird, zeichnen die Kinder für jeden Treffer einen Strich auf den Boden.

Himmel und Hölle

Überlieferung: mündlich; die älteste Zeichnung von diesem Spiel fand man im antiken Rom. Niemand weiß, woher das Spiel ursprünglich kam, aber in vielen Ländern wird es, ebenso wie die vielfältigen Variationen, ganz ähnlich gespielt.
Spieler/innen: zwei und mehr
Alter: ab 3 Jahren

Zeit: mindestens 5 Minuten
Material: Kreide, ein Stein oder eine Münze für jedes Kind
Ort: auf Plätzen und Straßen

Das Feld wird auf den Boden gezeichnet. Das erste Kind beginnt, indem es seinen Stein in das erste Feld wirft. Die Felder, auf denen Steine liegen, dürfen nicht betreten werden. Nun hüpft das Kind auf einem Bein über das erste in das zweite, dritte und jeweils nächste Feld. Im Himmel dreht es um und hüpft zurück. Vor dem ersten Feld bleibt es stehen, nimmt den Stein auf und hüpft aus dem Spielfeld. Nun wirft es den Stein in das zweite Feld, springt wie vorher zum Himmel und zurück und wirft den Stein anschließend ins dritte Feld. Erst wenn das Kind einen Fehler macht, indem der Stein nicht im richtigen Feld landet, das Kind auf eine Linie tritt oder mit beiden Füßen auf den Boden kommt, ist das nächste Kind an der Reihe. Sein Stein bleibt allerdings liegen, und das entsprechende Feld darf auch von den anderen nicht betreten werden.

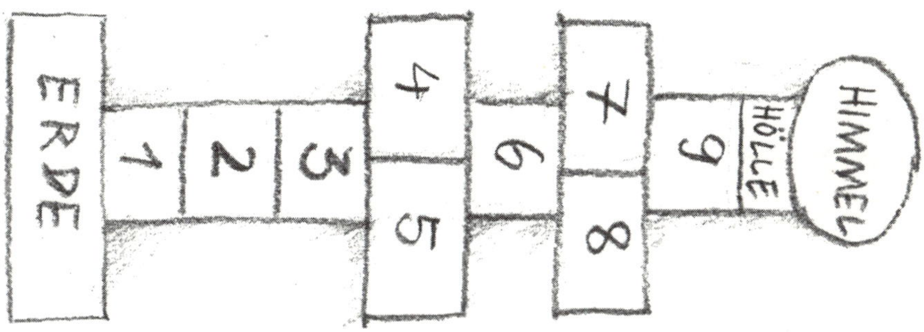

Wassergraben

Überlieferung: mündlich; diese Spiele brachte uns meine Mutter bei, die in ihrer Kindheit die Hüpfspiele am liebsten hatte
Spieler/innen: zwei und mehr
Alter: ab 3 Jahren
Zeit: mindestens 5 Minuten
Material: Kreide, ein Stein
Ort: auf Plätzen und Straßen

Zuerst wird das Spielfeld aufgezeichnet. Der Spielverlauf ist derselbe wie bei Himmel und Hölle mit dem Unterschied, daß durch den Graben zwischen den Feldern und die Anordnung der Zahlen das Springen wesentlich schwieriger ist. Fällt ein Stein oder tritt das Kind mit dem Fuß in den Graben, muß es ausscheiden.

Anmerkung/Variation: Anstatt auszuscheiden gibt es auch die Regel, daß das Kind dreimal um das Feld hüpfen muß. Trotzdem ist danach das nächste Kind an der Reihe.

Wasserturm

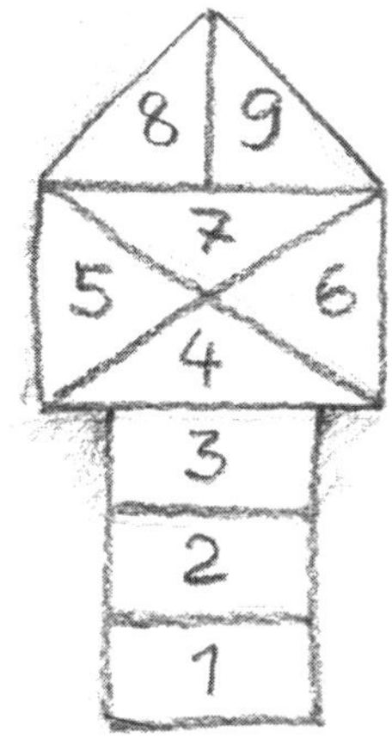

Überlieferung: mündlich
Spieler/innen: zwei und mehr
Alter: ab 3 Jahren
Zeit: mindestens 5 Minuten
Material: Kreide
Ort: auf Plätzen und Straßen

Das Spiel hat fünf Durchgänge, wobei jedes Kind, das einen Fehler macht, dieselbe Hüpffolge wiederholen muß, bis es fehlerfrei durchgeüpft ist. Erst nach einem Fehler kommen die anderen Kinder an die Reihe. Die Springfolge geht folgendermaßen:

1. Mit beiden Beinen von Feld 1 bis 9 hüpfen und wieder zurück.
2. Mit dem rechten Bein von 1 bis 4 hüpfen, in die Felder 5 bis 6 gleichzeitig, mit links auf die 7, und auf 8 und 9 wieder gleichzeitig mit beiden Beinen hüpfen. Auf der Stelle mit einem hohen Sprung umdrehen und auf dieselbe Weise wieder zurück zu Feld 1.
3. Von 1 bis 3 auf dem linken Fuß. Gleichzeitig in 4 und 7 mit beiden Beinen springen, ebenso in 5 und 6 und 8 und 9. In 8 und 9 wieder mit einem hohen Sprung drehen und auf dieselbe Weise wieder zurück.

4. Von 1 bis 9 mit beiden Beinen hüpfen, dabei gleichzeitig mit gekreuzten Beinen auf 5 und 6 sowie 8 und 9 hüpfen.
5. Mit geschlossenen Augen und erhobenem Kopf durch alle Felder und wieder zurück hüpfen. Die anderen Kinder rufen „Heiß" bei jedem richtigen Sprung und „Kalt", wenn das Kind auf eine Linie oder darüber hinaus gesprungen ist.

Anmerkung/Variation: Das Spiel hat seinen Namen vermutlich durch die Form des aufgezeichneten Spielfeldes.
Sicher fallen allen Kindern noch weitere Variationen des Hüpfens ein.

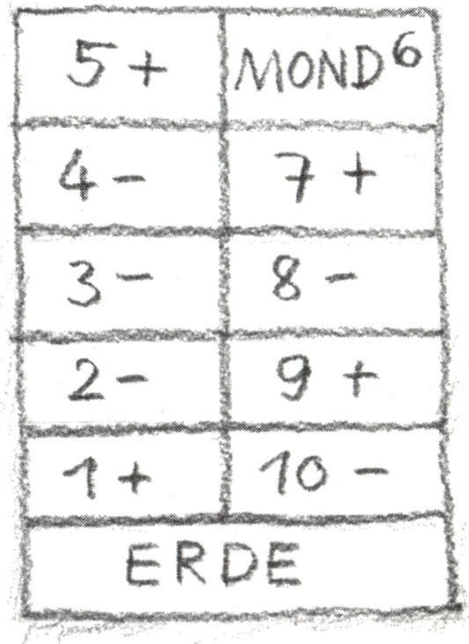

Reise zum Mond

Überlieferung: mündlich
Spieler/innen: zwei und mehr
Alter: ab 3 Jahren
Zeit: mindestens 5 Minuten
Material: Kreide, ein Stein
Ort: auf Plätzen und Straßen

Auf den Minusfeldern darf nur mit einem Bein gehüpft werden, auf den Plusfeldern mit beiden Beinen. Das Mondfeld darf weder betreten werden, noch darf ein Stein darin liegen bleiben. Außerdem gilt als Fehler, wenn die Linie betreten wird, das Kind mit den Füßen falsch auftritt oder der Stein nicht ins nächste Feld trifft. Das erste Kind stellt sich auf das Erde-Feld und wirft von dort aus den Stein auf Feld 1. Es springt anschließend in Feld 1 und kickt den Stein ins zweite Feld. Wieder springt es dem Stein nach und kickt ihn weiter. Macht es einen Fehler, nimmt es den Stein in die Hand, und das nächste Kind ist an der Reihe. Das Kind muß später wieder von vorne anfangen.

Anmerkung/Variation: Auch hier sind weitere Schwierigkeiten leicht einzubauen.

Die Schnecke

Überlieferung:	mündlich
Spieler/innen:	zwei und mehr
Alter:	ab 3 Jahren
Zeit:	mindestens 5 Minuten
Material:	Kreide
Ort:	auf Plätzen und Straßen

Die Felder werden diesmal in einer Schneckenform angeordnet. Die Kinder vereinbaren, auf welche Art und Weise gesprungen werden soll. Zuerst mit beiden Beinen, dann nur auf dem linken, dem rechten, mit den Händen an den Knien, blind usw. In jeder Runde ist eine andere Art an der Reihe. Immer wenn ein Kind die Schnecke bis zur Mitte und wieder zurück fehlerfrei geschafft hat, darf es sich mit der Kreide ein Feld der Schnecke kennzeichnen. Danach kommt das nächste Kind an die Reihe. Wer am Schluß die meisten Felder mit seinem Zeichen versehen konnte, hat gewonnen.

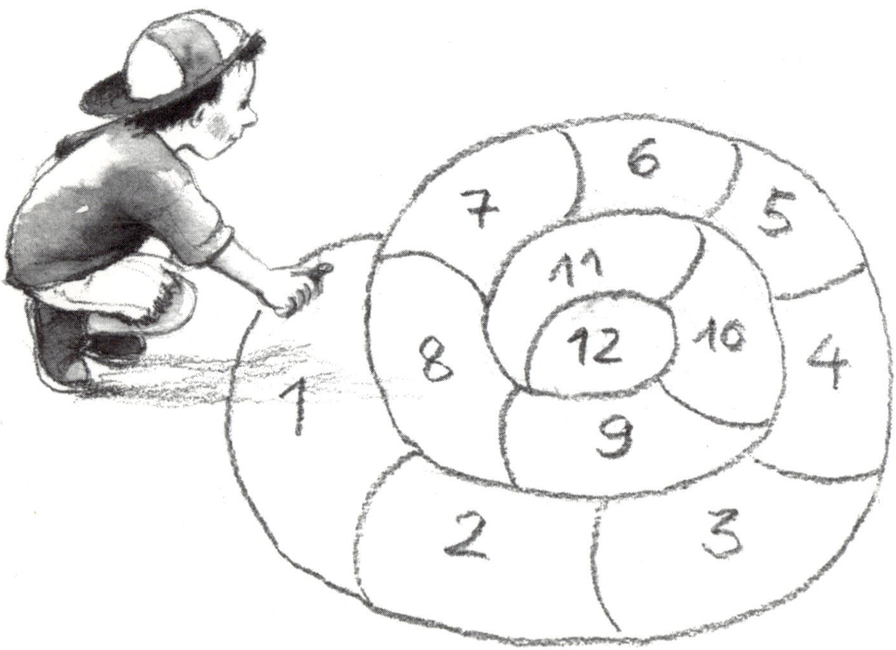

Anmerkung/Variation: Wenn die Schnecke groß genug gemalt wird, können die Kinder einen großen Würfel nehmen und dürfen immer so viele Felder weiterspringen, wie der Würfel anzeigt. Wer zuerst in der Mitte war und wieder am Start ist, hat gewonnen. Wenn ein Kind auf ein besetztes Feld kommt, schubst es dieses Kind ein Feld nach außen.

Bockspringen

Überlieferung: mündlich; außerdem auf dem Gemälde „Die Kinderspiele" von Pieter Brueghel
Spieler/innen: zwei und mehr
Alter: ab 4 Jahren
Zeit: mindestens 5 Minuten
Material: keines
Ort: im Freien

Die Kinder stehen in einer Reihe mit mindestens 2 bis 3 Metern Abstand voneinander entfernt. Je nach Alter und Größe bilden sie Böcke, indem die Kleinen in den Vierfüßlerstand gehen, während die Großen stehen bleiben und sich mit den Händen an den Knien abstützen. Dabei machen sie einen ganz runden Rücken. Immer das letzte Kind steht auf und rennt die Reihe entlang nach vorne, dabei springt es über alle Böcke, indem es sich mit den Händen am Rücken des Bocks abstützt und mit gespreizten Beinen darüber springt. Am Anfang der Reihe stellt es sich wieder als Bock auf, und das nächste Kind, das jetzt ganz hinten steht, beginnt zu laufen.

Anmerkung/Variation: Besonders großen Spaß macht das Bockspringen im Wasser. Zum einen gibt es da viel weniger Verletzungsgefahren, und zum anderen trägt das Wasser das Gewicht des Springers mit.

Sautreiben

Überlieferung:	mündlich; ein Vorläufer des Hockey
Spieler/innen:	fünf und mehr
Alter:	ab 4 Jahren
Zeit:	mindestens 15 Minuten
Material:	für jedes Kind einen Stock (ungefähr 80 cm lang), eine Blechdose
Ort:	auf der Wiese oder am Strand

Ein Kind ist der Sautreiber und gräbt sich eine Kuhle – das ist der Stall. Die anderen graben ihre Kuhlen im Kreis um den Stall herum – das sind die Häuser. Jedes Kind besetzt nun ein Haus, indem es seinen Stock hineinhält. Ein Kind nimmt die Blechdose – sie ist die Sau – und wirft sie einige Meter von den Häusern weg. Der Sautreiber nimmt seinen Stock und versucht, die Sau in den Stall zu treiben. Die anderen Spieler/innen versuchen dies zu verhindern, indem sie mit ihrem Stock die Dose immer wieder wegschießen. Das ist die Gelegenheit für den Sautreiber, seinen eigenen Stock in ein Haus zu stecken. Wer nun kein eigenes Haus mehr hat, ist ab jetzt der neue Sautreiber. Gelingt es diesem, die Blechdose in den Stall zu schießen, müssen alle Kinder ihre Häuser wechseln. Jetzt kann sich der Sautreiber ein Haus ergattern. Wer übrigbleibt, ist der neue Sautreiber. Die Dose wird wieder weggeworfen, und das Spiel beginnt von vorne.

Anmerkung/Variation: Eine tolle Variante ist folgende: Die Spieler/innen versuchen, die Blechdose in den Stall zu treiben, was der Sautreiber selbst verhindern will. Fällt sie trotzdem in den Stall, müssen alle ihren Stock auf die Dose schlagen, dann zu einem Haus rennen und ihn hineinstecken. Wer kein Haus hat, übernimmt die Rolle des Sautreibers.

Kaiser, wieviel Schritte darf ich gehen?

Überlieferung: mündlich
Spieler/innen: drei und mehr
Alter: ab 3 Jahren
Zeit: mindestens 15 Minuten
Material: keines
Ort: im Freien

Ein Kind steht an der Wand, es ist der Kaiser oder natürlich die Kaiserin. Alle anderen stehen mindestens fünf Meter weiter weg. Der Kaiser wendet sich der Wand zu und darf nicht mehr zu den anderen Kindern hinüberschauen. Nun beginnt ein Kind zu fragen: „Kaiser, wieviel Schritte darf ich gehen?" Der Kaiser gibt ihm eine Antwort, die seine Gehweise sowie die Anzahl, die Richtung und die Größe der Schritte vorschreibt, wie zum Beispiel vier Gänsefüßchen oder ein Riesensprung oder zwei Schritte rückwärts usw. In gleichbleibender Reihenfolge fragen die Kinder immer abwechselnd den Kaiser, wie weit sie gehen dürfen. Das Kind, welches gefragt hat, darf als einziges die Schritte laufen, die der Kaiser erlaubt hat. Wer die Wand als erstes berühren kann, wird neuer Kaiser, und das Spiel beginnt von vorne.

Anmerkung/Variation: Eine Variation dieses Spieles geht folgendermaßen: Der Kaiser benennt eine Farbe und die Anzahl der Schritte, wie zum Beispiel: „Rot darf zwei Schritte vor!" Nun können alle Kinder, die etwas Rotes anhaben, zwei Schritte nach vorne laufen. Wenn der Kaiser „Schritte rückwärts" befiehlt, müssen die betroffenen Spieler wieder die entsprechende Anzahl von Schritten nach hinten gehen!

Ochs am Berg

Überlieferung: mündlich; schon meine Urgroßmutter kannte dieses Spiel
Spieler/innen: drei und mehr
Alter: ab 4 Jahren
Zeit: mindestens 15 Minuten
Material: keines
Ort: im Freien

Wieder steht ein Kind an der Wand und die anderen Kinder in mindestens fünf Metern Entfernung. Das Kind an der Wand dreht sich zur Wand und ruft so schnell oder langsam, wie es möchte: „Ochs am Berg, Esel und Zwerg!“ Danach dreht es sich ganz rasch um. Die anderen laufen in dieser Zeit so schnell sie können in Richtung Wand, sowie sich das Kind jedoch umdreht, dürfen sie sich nicht mehr bewegen. Wen das Kind an der Wand bei einer Bewegung erwischt, schickt es zurück zum Start. Das Kind, welches als erstes die Wand erreicht, darf dort stehenbleiben und den vorherigen Ochs am Berg beim Rufen ablösen.

Fischer, wie wehen die Fahnen?

Überlieferung: mündlich; mein Vater kannte dieses Spiel aus seinem Sportunterricht
Spieler/innen: sechs und mehr
Alter: ab 3 Jahren
Zeit mindestens 10 Minuten
Material: Kreide oder 4 Pullover
Ort: im Freien

Die Kinder stehen einem Kind, dem Fischer oder der Fischerin, in zehn bis zwanzig Metern Abstand gegenüber. Die Grenzen vom rechteckigen Spielfeld werden mit Kreide oder Pullovern markiert. Die Kinder rufen: „Fischer, wie wehen die Fahnen?“ Der Fischer nennt eine Farbe, und alle sausen los. Die Kinder, die diese Farbe an ihren Kleidungsstücken haben, können in aller Ruhe und unbehelligt auf die andere Seite laufen. Die anderen jedoch werden vom Fischer zu fangen versucht. Wer als erstes gefangen wird, ist der nächste Fischer.

Anmerkung/Variation: Alle gefangenen Spieler/innen werden auch Fischer und am Ende bleiben nur noch wenige übrig, die gefangen werden müssen.

Hahnenkampf

Überlieferung: mündlich
Spieler/innen: zwei und mehr
Alter: ab 4 Jahren
Zeit: mindestens 5 Minuten
Material: keines
Ort: überall

Zwei Kinder hüpfen auf einem Bein und haben die Arme vor der Brust gekreuzt. Nun schubsen sie sich solange, bis eines der beiden das Gleichgewicht verliert und mit dem zweiten Fuß auftreten muß. Wer gewonnen hat, kann das nächste Kind herausfordern.

Anmerkung/Variation: Viel Spaß macht dieses Spiel im Schnee, denn da kann sich jede/r nach Herzenslust fallen lassen.

Länderstechen

Überlieferung: mündlich
Spieler/innen: zwei
Alter: ab 5 Jahren
Zeit: mindestens 5 Minuten
Material: ein Messer
Ort: auf weichem Grund im Freien

Die Kinder ritzen einen großen Kreis von einem Meter Durchmesser in den Boden und teilen ihn in zwei Hälften. Jedem gehört ein halber Kreis. Beide stehen hinter ihrer Kreishälfte. Ein Kind beginnt, indem es das Messer in die Kreishälfte des anderen wirft. Bleibt das Messer stecken, darf es sein Spielfeld bis zu dieser Stelle vergrößern. Dazu zieht es eine Linie von der Mitte des Kreises über den Einstich bis nach außen. Das entstandene, kleinere „Kuchenstück“ darf es seiner Hälfte einverleiben, indem es an dieser Stelle die ursprüngliche Linie auswischt. Nun darf es weiterspielen und das Messer von neuem werfen. Trifft es in sein eigenes Feld, oder bleibt das Messer nicht stecken, ist der/die andere an der Reihe. Das Spiel ist zu Ende, wenn ein Kind kein Feld mehr hat oder es so klein geworden ist, daß das Messer nicht mehr hineingeworfen werden kann.

Anmerkung/Variation: Natürlich muß mit den Kindern über die Gefahren beim Messerwerfen gesprochen werden. Aber es ist durchaus sinnvoll, den Kindern auf diese Weise einen vorsichtigen und verantwortungsvollen Umgang mit solch einem gefährlichen Instrument zu vermitteln, da die Erfahrung eben nicht heimlich, sondern im gemeinsamen Spiel gemacht werden kann.

Der Kaiser schickt die Soldaten aus

Überlieferung: mündlich; außerdem 1882 im Familienspielbuch festgehalten
Spieler/innen: acht und mehr
Alter: ab 5 Jahren
Zeit: mindestens 10 Minuten
Material: keines
Ort: im Freien

Zwei Reihen mit je gleich vielen Spieler/innen stehen sich gegenüber. Aus jeder Reihe wird ein Kind zum Kaiser oder zur Kaiserin ernannt. Nun schickt einer der Kaiser einen seiner Untertanen los. Er soll in die andere Reihe laufen und diese dabei durchbrechen. Gelingt ihm dies, darf er eines der beiden Kinder, zwischen denen er durch die Reihe brechen konnte, in seine Mannschaft mitnehmen. Gelingt es ihm nicht, muß er sich selbst in diese Reihe stellen. Nun ist es dem anderen Kaiser gestattet, einen Untertanen auszusuchen und ihn loszuschicken. Der Kaiser, der keine Soldaten mehr hat, muß selbst die gegnerische Reihe durchbrechen, oder er wird auch gefangen.

Anmerkung/Variation: Das Spiel ist auch unter dem Namen „Kettenreißen" bekannt. Um den militanten und aggressiven Charakter zu entkräften, sind vermutlich die zwei folgenden Variationen entstanden:

Spione

Überlieferung: mündlich; Variante von „Der Kaiser schickt Soldaten aus"
Spieler/innen: acht und mehr
Alter: ab 4 Jahren
Zeit: mindestens 10 Minuten
Material: ein Tuch
Ort: überall

Die Kinder teilen sich in zwei gleich große Gruppen und stellen sich in zwei Reihen gegenüber. Die Gruppe, welche beginnt, verbindet einem Kind aus ihrer Reihe die Augen. Die andere Gruppe tauscht die Plätze. Nun geht das blinde Kind zur anderen Reihe, sucht sich ein Kind aus und ertastet es. Kann es dessen richtigen Namen sagen, nimmt es das erratene Kind in seine Gruppe mit. Ansonsten reiht es sich in die Reihe selbst mit ein. Das Spiel ist zu Ende, wenn alle Kinder in einer Reihe stehen.

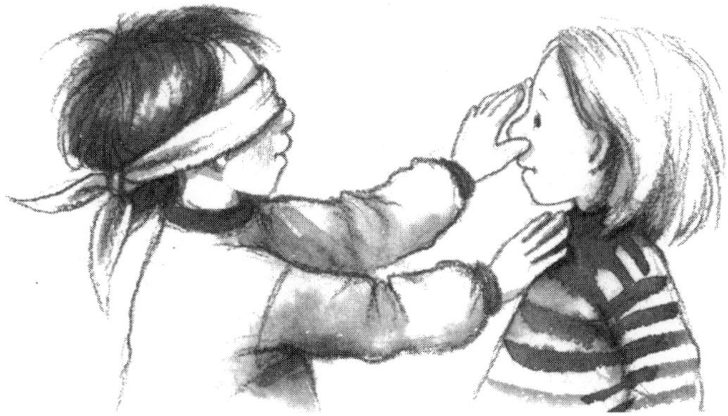

Anmerkung/Variation: Abgesehen davon, daß dieses Spiel weniger aggressiv ist, gibt es keinen Sieger, da am Ende ja alle zu derselben Gruppe gehören. Dasselbe Spiel ist spielbar, wenn ein Kind ausgeschickt wird, um ein anderes aus der fremden Reihe zum Lachen zu bringen.

Figuren reißen

Überlieferung:	mündlich
Spieler/innen:	vier und mehr
Alter:	ab 5 Jahren
Zeit:	mindestens 5 Minuten
Material:	keines
Ort:	im Freien, wo es viel Platz gibt; am besten auf einer Wiese oder im Schnee

Ein Kind beginnt den „Reißer“ zu spielen. Es faßt überkreuzt die Hände eines anderen Kindes und beginnt sich mit ihm immer schneller zu drehen. Wenn beide genug Schwung haben, läßt der Reißer das Kind los. Es muß sofort in der Stellung verharren, in der es zum Stehen gekommen ist. Danach werden die anderen Kinder genauso zu Figuren erstarrt. Waren alle Kinder an der Reihe, sucht sich der Reißer die schönste Figur aus, die nun die Rolle des „Reißers“ übernehmen darf.

Anmerkung/Variation: Ein tolles Spiel für den Schnee!

Wasserflasche umwerfen

Überlieferung:	mündlich
Spieler/innen:	vier und mehr
Alter:	ab 4 Jahren
Zeit:	mindestens 10 Minuten
Material:	ein Ball, für jedes Kind eine Flasche mit Wasser gefüllt
Ort:	im Freien, am besten auf einer Wiese oder am Strand

Alle Kinder stehen im Kreis und haben eine mit Wasser gefüllte Flasche vor sich stehen. Die Spieler rollen sich den Ball zu und versuchen, dabei eine fremde Flasche umzuwerfen. Ist eine umgefallen, muß das betreffende Kind sofort den Ball holen. In dieser Zeit darf das Kind, das die Flasche mit dem Ball getroffen hatte, das Wasser aus der Flasche schütten. Hat das Kind den Ball in den Händen, ruft es „Stop“, und die Flasche muß wieder hingestellt werden. Wer als letztes noch Wasser in seiner Flasche hat, ist Sieger.

Anmerkung/Variation: Die Kinder können die Flaschen auch in einer Entfernung von fünf bis zehn Metern in einer Reihe aufstellen. Jede/r weiß, welches seine/ihre Flasche ist. Nun wird abwechselnd der Ball gegen die Flaschen gerollt. Fällt dabei eine Flasche um, muß der/die Besitzer/in so schnell wie möglich zu ihr laufen und sie wieder aufstellen. Auch hier gewinnt das Kind, das am Ende das meiste Wasser in der Flasche hat. Mir selbst macht diese Variation mehr Spaß, da immer das Risiko besteht, die eigene Flasche selbst umzuwerfen.

Kegeln

Überlieferung: mündlich; im 14. Jahrhundert verbreitete sich das Kegeln in England und wurde von dort aus auch in Amerika und dem restlichen Europa bekannt

Spieler/innen: zwei und mehr

Alter: ab 4 Jahren

Zeit: mindestens 15 Minuten

Material: 9 Kegel, Holzscheite oder Flaschen (möglichst Plastik), eine Holzkugel oder ein Ball

Ort: überall

Acht Kegel werden um den König herumgestellt. Aus einer bestimmten Entfernung versucht jedes Kind nun, möglichst viele Kegel auf einmal umzuwerfen. Dazu rollt es den Ball mit viel Schwung auf die Kegel zu. Jeder umgefallene Kegel gibt einen Punkt, der König zwei. Wer als erstes fünfundzwanzig Punkte gesammelt hat, hat gewonnen.

Anmerkung/Variation: Alle Kegel, die bereits umgeworfen sind, werden beiseite gestellt. Wer den letzten Kegel umwirft, bekommt den Punkt. Bei fünf Punkten ist der Sieg entschieden. Es gibt viele Kegelbücher, die eine Menge verschiedener Regeln beinhalten. Die alte französische Variation des Kegelspieles wurde auf Plätzen gespielt, an denen sich die Menschen zum Spielen und Reden trafen. Dazu wurde an einen Baum oder ein speziell angefertigtes Lattengerüst eine dicke Schnur gehängt, an der die Holzkugel in

Höhe der Kegel befestigt war. Vor dem Baum standen die Kegel, im Kreis der König. Die Spieler/innen gaben der Kugel einmal Schwung, und alle Kegel, die dabei umgeworfen wurden, zählten einen, der König neun Pluspunkte.

Kugelwerfen

Überlieferun mündlich; außerdem 1560 auf dem Bild „Die Kinderspiele“ von Pieter Brueghel dargestellt. Wahrscheinlich eine Kindervariation des alten griechischen Kugelstoßens, erwähnt 300 n. Chr., aus dem sich in Frankreich das Boule und in Italien das Boccia entwickelte

Spieler/innen: zwei und mehr

Alter: ab 3 Jahren

Zeit: mindestens 10 Minuten

Material: für jedes Kind 2 oder 3 Bocciakugeln oder Tennisbälle, 1 Kugel zusätzlich

Ort: im Freien

Ein Kind beginnt damit, die Vorlegekugel zu werfen. Alle anderen müssen nun versuchen, ihre eigenen Kugeln möglichst nah an diese zu bringen. Dazu wirft zunächst jedes Kind nur eine seiner Kugeln. In der zweiten Runde kann ein Kind die Vorlegekugel wegschießen, wenn die anderen zu genau getroffen haben. Haben alle ihre zwei oder drei Kugeln verschossen, hat das Kind gewonnen, welches am Schluß seine Kugel am nächsten an der Vorlegekugel hatte. Es bekommt einen Punkt, bei fünfzehn Punkten steht der Sieger fest.

Anmerkung/Variation: Für eine Variation am Strand werden vier Löcher hintereinander in den Sand gegraben. Die Löcher werden mit Punkten versehen. Das erste ist fünf, das zweite zehn, das dritte fünfzehn und das vierte zwanzig Punkte wert. Nun werfen alle nacheinander eine Kugel und versuchen dabei, ein Loch zu treffen. Nach der zweiten Runde bekommen die Spieler/innen, deren Kugeln in einem der Löcher liegen, die entsprechende Punktzahl.

Indiaka

Überlieferung: mündlich; es wurde vor 2000 Jahren in Korea, China und Japan als Federball gespielt. Heute ist uns dieses Spiel als Indiaka bekannt. Das Federballspiel mit Schlägern wurde später daraus entwickelt.

Spieler/innen: eine/r oder mehr

Alter: ab 4 Jahren

Zeit: mindestens 15 Minuten

Material: 1 Indiaka; oder zum Selberbasteln: eine Korkkugel mit 5 cm Durchmesser, 6 große Hühnerfedern, einige Flaumfedern zum Verzieren, Alleskleber

Ort: im Freien

Die Kugel kann bemalt werden, wenn das Kind Lust dazu hat. Danach werden mit einer dicken Stopfnadel sechs Löcher – und zwar recht dicht beieinander – in die Kugel gestochen. Die Federn werden in den Alleskleber getaucht und in die Löcher gesteckt. Wer möchte, kann um die Hühnerfedern als Verzierung bunte Flaumfedern kleben. Alles gut trocknen lassen. Mit der flachen Hand schlägt das Kind das Indiaka immer wieder in die Luft. Wenn es dies bereits beherrscht, kann es üben, das Indiaka mit der Ferse, dem Knie, der Schulter und so weiter zu treffen. Spielen mehrere Kinder, stellen sie sich in einen Kreis und spielen sich das Indiaka gegenseitig zu. Dabei sollen sie auf alle Fälle verhindern, daß es auf den Boden fällt.

Anmerkung/Variation: Indiaka ist nach den üblichen Volleyballregeln auch über eine Schnur zu spielen. Dann spielen zwei Mannschaften gegeneinander. Immer wenn einer der beiden Mannschaften das Indiaka auf den Boden fällt, bekommt die andere einen Pluspunkt.

Becher und Ball

Überlieferung: mündlich; im 16. Jahrhundert als Bilboquet in Frankreich sehr bekannt
Spieler/innen: eine/r oder mehr
Alter: ab 3 Jahren
Zeit: mindestens 5 Minuten
Material: ein Joghurtbecher, eine Schnur (ungefähr 40 cm lang), eine Holzkugel mit 3 cm Durchmesser
Ort: überall

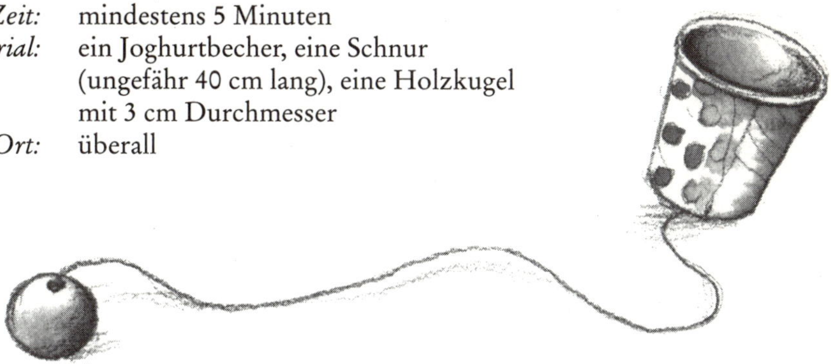

Der Becher kann zuerst mit Buntpapier beklebt werden, damit er schöner aussieht. In den Boden des Bechers wird ein kleines Loch mit einer heißen Nadel geschmolzen. Durch dieses zieht das Kind die Schnur und macht von innen einen dicken Knoten hinein. Die Holzkugel wird am anderen Ende der Schnur befestigt. Nun ist das Spielzeug bereits fertig. Der Becher wird in einer Hand festgehalten und so geschwungen, daß die Kugel nach oben fliegt. Nun versucht das Kind, mit dem Becher die Kugel aufzufangen.

Anmerkung/Variation: Das französische Bilboquet wurde aus einem Rundholz von 30 cm Länge und 0,5 cm Durchmesser gemacht. Dieser Stab wird am unteren Ende 10 cm breit mit Stoffstreifen oder Wollfäden umbunden, diese werden festgeklebt. Das ist der Griff. Drei 20 cm lange Schnüre werden an eine Ösenschraube geknotet, und diese wird anschließend 2 cm über dem Griff in das Holz gedreht. An drei Holzkugeln, die je ein Loch von 1 cm Durchmesser haben müssen, werden oberhalb des Loches je eine weitere Ösenschraube befestigt. Jede Kugel wird nun an der Öse mit einer Schnur verknotet. Ziel ist es, alle drei Kugeln auf den Stab zu spießen.

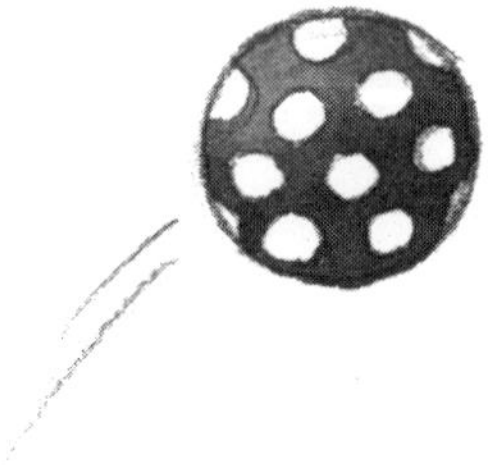

Eins, Zwei, Drei,
Butter in den Brei,
Salz auf den Speck,
und du mußt weg!

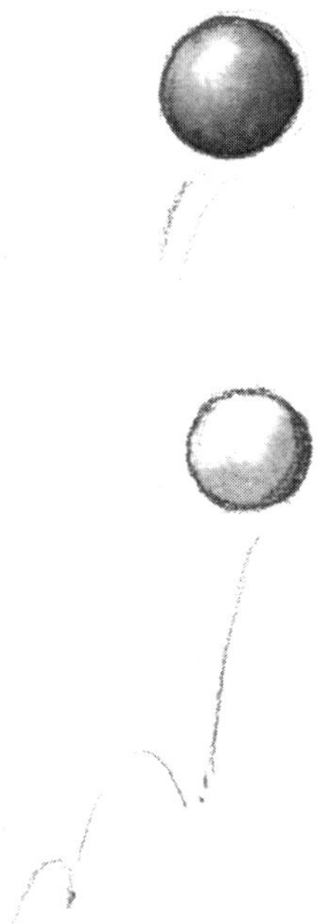

8. Ball an die Wand, Ring über's Land

Spiele mit Bällen, Ringen und vielem mehr

Ein eigener Ball war für die Kinder vor hundert Jahren ein großer und wertvoller Schatz. Und wenn Sie in dem folgenden Kapitel die vielen Spiele betrachten, die mit einem Ball gespielt werden können, sehen Sie, daß ein Ball einen weit größeren als nur den materiellen Wert besitzt. Mit ihm können sich Kinder in jeder Gruppengröße beschäftigen. Und sie können auch ganz allein damit spielen. Es gibt wenige Spielmaterialien, die so abwechslungsreich und vielseitig sind wie ein Ball. Ganz nebenbei lernen die Kinder das Fangen und Werfen, Kicken und Rollen. Mit viel oder wenig Kraft, weit oder nah, je nachdem, was das Spiel von ihnen verlangt. Auch bei den Spielen mit anderen Utensilien wie beispielsweise Ringen, Steinen usw. üben und lernen die Kinder Geschicklichkeit und Reaktion. Darüber hinaus enthält das folgende Kapitel viele Spiele, bei denen Kinder lernen, aufeinander zu achten. Wenn ein Kind keinen Blickkontakt mit dem anderen hat, wird es den Ball nicht fangen. Wer beim Seilhüpfen nicht auf den Takt achtet, wird ständig über das Seil stolpern und unzufrieden sein.
Kinder lieben die Herausforderung und auch den Vergleich mit ihren Freunden. Auch dies ist eine Erklärung dafür, daß Kinder Geschicklichkeitsspiele mit Bällen, Ringen etc. oft immer und immer wieder – oft bis zur Perfektion – üben. Das gilt für Ein-

zelspiele genauso wie für Spiele, bei denen die Gruppe eine Aufgabe gemeinsam bewältigen muß.
Diesen Ehrgeiz der Kinder sollte man keinesfalls bremsen, denn neben der hervorragenden motorischen Übung bringen die folgenden Spiele außerdem noch eine Menge Spaß.

Reifentreiben

Überlieferung: mündlich; außerdem 1560 auf dem Bild „Die Kinderspiele" von Pieter Brueghel; Hippokrates (460 - 370 v. Chr.) empfahl es in einer seiner medizinischen Abhandlungen
Spieler/innen: eine/r oder mehr
Alter: ab 5 Jahren
Zeit: mindestens 5 Minuten
Material: ein Hulahoop-Reifen oder ein altes Fahrrad, ein kurzer Stock
Ort: auf Straßen und Plätzen

Jedes Kind hat einen Reifen. Der Reifen wird mit der Hand zum Rollen gebracht. Das Kind läuft nebenher und treibt den Reifen immer wieder aufs neue an. Dazu nimmt es die Hand oder den Stock. Bei einem alten Rad vom Fahrrad können die Kinder versuchen, den Stock zwischen die Speichen zu stecken und so das Rad anzutreiben.

Anmerkung/Variation: Leider gibt es viel zu wenig verkehrsberuhigte Flächen, auf denen Kinder ihre Reifen antreiben können.

Faßlaufen

Überlieferung: mündlich; außerdem 1560 auf dem Bild „Die Kinderspiele" von Pieter Brueghel
Spieler/innen: eine/r oder mehr
Alter: ab 5 Jahren
Zeit: mindestens 5 Minuten
Material: ein Holzfaß oder eine stabile Tonne
Ort: im Freien

Am Anfang wird dem Kind von einem Erwachsenen geholfen, auf das Faß zu klettern. Später wird es dies allein können. Oben auf dem Faß stehend, beginnt es zu laufen und damit das Faß in Bewegung setzen. Kompliziert wird es, wenn zwei Kinder auf dem Faß stehen und gemeinsam das Gleichgewicht halten müssen.

Budenbesitzer

Überlieferung: mündlich
Spieler/innen: drei und mehr
Alter: ab 3 Jahren
Zeit: mindestens 10 Minuten
Material: Kreide, viele Steine
Ort: auf Plätzen und Straßen

Mit der Kreide wird ein Kreis von ungefähr zwei Metern Durchmesser auf den Boden gemalt. Im Kreis liegen viele Steine. Ein Kind steht im Kreis und ist der Budenbesitzer. Es muß aufpassen, daß ihm möglichst keine Steine stibitzt werden. Die anderen Kinder versuchen, aus dem Kreis so viele Steine wie möglich zu holen. Wen der Budenbesitzer, der seinen Kreis nicht verlassen darf, abschlägt, muß ausscheiden. Wer am Ende die meisten Steine hat, hat gewonnen.

Anmerkung/Variation: Schöner finde ich das Spiel, wenn immer die ganze Gruppe gegen den Budenbesitzer spielt. Gewonnen hat der Budenbesitzer, wenn er alle Spieler abgeschlagen hat und die Mehrzahl der Steine noch in seinem Kreis liegen.

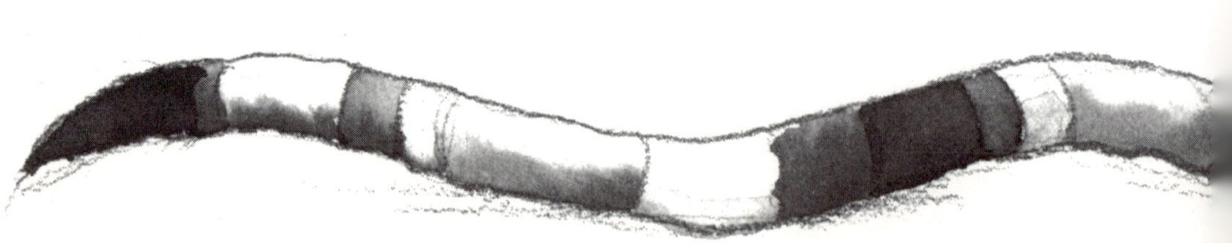

Riesenschlange

Überlieferung:	mündlich; außerdem auf dem Bild „Die Kinderspiele" von Pieter Brueel und im Familienspielbuch von 1882
Spieler/innen:	vier und mehr
Alter:	ab 4 Jahren
Zeit:	mindestens 10 Minuten
Material:	keines
Ort:	überall

Die Kinder bilden eine Schlange, indem sie beide Arme um den Bauch des vorderen Kindes schlingen. Nun beginnt der „Kopf" der Schlange, Jagd auf den „Schwanz" zu machen. Der Kopf führt die Schlange an und geht dabei kreuz und quer über die Spielfläche. Wenn der Schwanz vom Kopf berührt worden ist, dürfen andere Kinder an Kopf und Schwanz. Während des Spieles darf die Schlange nicht auseinanderbrechen, sonst gilt der Schwanz nicht als getroffen.

Anmerkung/Variation: Das Spiel macht deshalb so viel Spaß, weil sich die einzelnen Kinder immer entscheiden müssen, ob sie der Fangbewegung des Kopfes oder der Fluchtbewegung des Schwanzes nachgeben sollen.

Spaß macht es auch, wenn das erste Kind die Schlange über unterschiedlich beschaffenen Boden führt. Die Kinder sind dabei barfuß und haben die Augen geschlossen.

Bei einer anderen Variation gibt es zwei Schlangen. Jeweils das letzte Kind der Schlange hat ein Tuch an der Hose befestigt. Nun versuchen die Köpfe, das Tuch der anderen Schlange zu erwischen.

Eine weitere Variation steht im Familienspielbuch von 1882. Hier fassen sich die Kinder nicht an, sondern laufen möglichst dicht hintereinander her, ohne sich zu berühren. Der Schlangenkopf versucht nun durch geschickte Windungen, in die Reihe Lücken zu reißen, durch die er laufen kann. Ist ihm das gelungen, hat er sich den „Schwanz“ abgebissen. Die abgetrennten Spieler/innen müssen „zur Strafe“ mehrmals um die Schlange herumlaufen, bevor sie wieder in diese aufgenommen werden. Allerdings dürfen diese Kinder jetzt das vordere Teil der Schlange bilden.

Tauziehen

Überlieferung: mündlich; früher hatte jede Seite des Taus eine bestimmte Bedeutung: Zum Beispiel kämpfte die eine Partei für den Regen und die andere für Dürre. Gewann z. B. die Regenpartei, hielten die Menschen dies für eine Prophezeiung.
Spieler/innen: zwei und mehr
Alter: ab 5 Jahren
Zeit: mindestens 5 Minuten
Material: ein Seil
Ort: im Freien

Zwei gleich große Mannschaften stehen sich gegenüber. Zwischen ihnen wird eine Linie gezogen. Alle Spieler/innen halten ein dickes Seil fest. Jede Mannschaft versucht nun, das erste Kind der anderen Mannschaft über diese Linie zu ziehen. Wem dies gelingt, hat gewonnen.

Anmerkung/Variation: Anstatt eines Taus kann auch ein Rundholz, das die beiden ersten Spieler/innen jeder Mannschaft festhalten, benutzt werden. Die anderen greifen dem vorderen Kind um den Bauch.
Zu viert ist folgende Variation möglich: Die Kinder knoten das Tau zusammen und bilden ein Viereck. Hinter jedem steht in drei Meter Abstand ein Kegel oder eine leere Plastikflasche. Nun versucht jedes Kind, die anderen drei so auf seine Seite zu ziehen, daß es seine Flasche umwerfen kann.

Mein Grashalm hält fest

Überlieferung: mündlich überliefert von meinem Großvater
Spieler/innen: zwei und mehr
Alter: ab 5 Jahren
Zeit: mindestens 5 Minuten
Material: Gräser
Ort: auf einer Wiese

Alle suchen sich einen möglichst stabilen Grashalm. Ein Kind nimmt beide Enden des Halmes zwischen Daumen und Zeigefinger. Ein anderes fädelt sein Gras durch die entstandene Schlaufe und hält es auf die gleiche Weise fest. Nun ziehen beide an ihren Halmen. Das Kind, dessen Grashalm zuerst durch die Finger rutscht oder reißt, hat verloren.

Anmerkung/Variation: Ein ganz einfaches Spiel, das mein Großvater mit Begeisterung gespielt hat. Es ähnelt sehr dem im folgenden beschriebenen Eierschlagen.

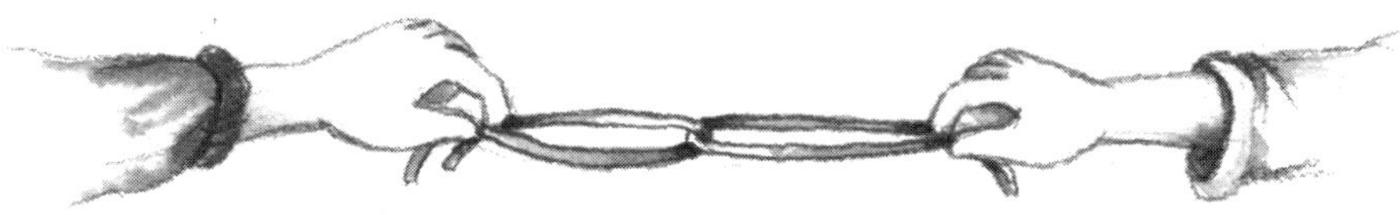

Eierschlagen

Überlieferung: mündlich
Spieler/innen: zwei und mehr
Alter: ab 3 Jahren
Zeit: mindestens 5 Minuten
Material: mindestens ein hartgekochtes Ei für jedes Kind
Ort: überall

Hier geht es darum, dem eigenen Ei möglichst keine Delle zuzufügen. Die Eier werden zuerst hartgekocht. Nun nimmt jedes Kind sein Ei in die Faust und läßt nur ganz wenig von der Spitze herausschauen. Jetzt werden die Eier kurz, aber fest aneinandergeschlagen. Das Ei, welches zuletzt kaputt geht, ist das des Gewinners.

Anmerkung/Variation: Weil das Ei Leben in sich birgt und eine vollendete Form hat, war es Bestandteil vieler ritueller Spiele der vorchristlichen Zeit. Das Osterei deutet die Symbolkraft heute noch an. Aus diesem Grunde spielen auch wir das „Eierschlagen" zu Ostern.

Eierkugeln

Überlieferung: mündlich
Spieler/innen: zwei und mehr
Alter: ab 3 Jahren
Zeit: mindestens 5 Minuten
Material: ein breites Brett, ein Fußschemel, viele hartgekochte Eier
Ort: im Freien

Das Brett wird gegen den Schemel gelehnt, so daß eine schräge Ebene entsteht. Jedes Kind legt als Einsatz ein Ei ans untere Ende des Brettes. Nun beginnen alle, die Eier das Brett hinunterrollen zu lassen. Stoßen dabei zwei Eier aneinander, bekommt das Kind, dessen Ei ganz geblieben ist, das kaputte Ei. Das andere Kind muß ein neues Ei ins Spiel bringen.

Anmerkung/Variation: Das Spiel macht viel Spaß, ist allerdings nur für Leute geeignet, die gerne viele harte Eier essen oder ein Rezept für einen Eiersalat kennen.

Eierwerfen

Überlieferung: mündlich
Spieler/innen: zwei und mehr
Alter: ab 3 Jahren
Zeit: mindestens 5 Minuten
Material: ein Filzhut, viele hartgekochte Eier, Spielmünzen
Ort: überall

Ein Ei wird von einem Kind, das in dieser Runde der „Eivorleger" ist, in die obere Vertiefung eines Hutes gelegt. Dadurch sinkt die Vertiefung noch weiter ein, und es bleibt nur ein schmaler Schlitz übrig. In diesen Schlitz müssen nun die anderen Kinder nacheinander ihre Münze zu treffen versuchen. Dazu wird vorher gemeinsam der Abstand zum Hut festgelegt, der während des Werfens eingehalten werden muß. Wenn der/die erste danebenschießt, bekommt der Eivorleger die Münze für sich. Falls das zweite Kind trifft, erhält es seine Münze zurück und obendrein das Ei. Der Eivorleger muß nun ein neues Ei als Einsatz in den Hut legen, damit die restlichen Spieler/innen ebenfalls ihr Glück versuchen können. Wenn alle einmal geworfen haben, übernimmt ein anderes Kind die Rolle des Eivorlegers. Erst wenn jede/r einmal eine ganze Runde lang Eivorleger war, ist das Spiel zu Ende, und alle können ihre Schätze zählen.

Anmerkung/Variation: Ganz „ausgekochte" Spieler/innen können sich das nächste Eis damit verdienen, indem sie mit „Fünferlen" (Fünfpfennigstücken) spielen.

Japanisches Luftrad

Überlieferung: mündlich
Spieler/innen: eine/r oder mehr
Alter: ab 4 Jahren
Zeit: mindestens 15 Minuten
Material: Seiden- oder Drachenpapier, Schere, festes Papier, Lineal und Bleistift
Ort: überall

Zuerst muß das Luftrad hergestellt werden. Dazu nimmt das Kind das Seidenpapier und schneidet einen Kreis mit 40 cm Durchmesser aus. Dieser Kreis wird mit dem Bleistift in zwölf gleich große Stücke geteilt. In der Mitte schneidet das Kind einen kleinen Kreis mit ungefähr 5 cm Durchmesser heraus. Nun werden die vorher gezeichneten Linien bis etwa 6 cm vor dem Rand eingeschnitten. Am Ende dieser Schnitte schneidet es jeweils noch 2 cm zur Seite ein. Nun können die entstandenen Dreiecke aufgebogen werden. Das ganze sieht jetzt aus wie ein Lüfterrad. Zum Schluß wird aus dem festen Papier noch ein langer, etwa 5 cm breiter Streifen ausgeschnitten. Dieser wird an einer Seite mit 1 cm langen Zacken eingeschnitten, die anschließend umgeknickt werden. Auf diese Zacken klebt das Kind das Seidenpapier, das nun von dem festen Papier ganz umrundet wird. Nun ist das Luftrad fertig. Kräftig bläst das Kind nun von unten an das Luftrad und läßt es so fliegen. Im Freien nimmt der Wind das Rad mit in die Höhe, im Zimmer muß ihm mit einem Fächer immer wieder Luft zugefächelt werden.

Anmerkung/Variation: Eine schöne Drachenvariante, leider nicht sehr stabil.

Seilspringen

Überlieferung: mündlich; im 17. Jahrhundert taucht das Seilspringen zum ersten Mal auf Kupferstichen auf
Spieler/innen: eine/r oder mehr
Alter: ab 4 Jahren
Zeit: mindestens 5 Minuten
Material: ein Seil
Ort: im Freien

Kinder können alleine mit einem Sprungseil springen. Dabei gilt es, verschiedene Sprungtechniken möglichst oft hintereinander zu schaffen. Im Laufschritt, mit geschlossenen Beinen, auf einem Bein, das ganze bei rückwärts schwingendem Seil und so weiter. Viel beliebter sind jedoch die Hüpfspiele mit dem langen Seil, bei denen mehrere Kinder mitspielen können. Zwei Kinder schwingen das Seil, und wer einen Fehler macht, muß einen Seilschwinger ablösen. Nun gibt es viele Verse, zu denen verschiedene Sprünge gesprungen werden müssen wie zum Beispiel bei dem folgenden Spiel. Während des Springens müssen ein Reim gesprochen und entsprechende Hüpfaufgaben erledigt werden:

„Teddybär, Teddybär, mach dich krumm
(in der Hüfte einknicken),
Teddybär, Teddybär, dreh dich um (drehen),
Teddybär, Teddybär, zeig dein Schuh (auf einem Bein),
Teddybär, Teddybär, wie alt bist Du
(Alter abzählen und hüpfen)?

Teddybär, Teddybär, bau ein Haus
(Hände über dem Kopf zu einem Dach formen),
Teddybär, Teddybär, spring hinaus
(aus dem Seil hinauslaufen, ohne daran hängen zu bleiben)."

Ein weiteres schönes Spiel ist das „Stundenzählen". Dabei können viele Kinder gleichzeitig mitspielen. Zwei Spieler/innen schwingen wieder das Seil. Im ersten Durchgang müssen alle nacheinander unter dem Seil durchlaufen, ohne einmal zu hüpfen. Im zweiten Durchgang springen sie einmal, dann zweimal usw. Dabei muß das nächste Kind in dem Moment zum Seil laufen, in dem das andere das Seil verläßt. Nach zwölf Sprüngen am Stück beginnen die Spieler/innen von vorne. Dabei wird die Schwungrichtung des Seiles geändert. Das dritte Spiel geht folgendermaßen: Alle Kinder stehen entlang des ruhenden Seils. Nun beginnen die zwei Seilschwinger/innen, das Seil in regelmäßigem Rhythmus hin und her zu schwingen. Dazu rufen alle den Vers: „Ein Schiff im Sturm ist wie ein Faß, die Welle kommt, und wir sind naß!" Bei jedem Wort springen die Kinder über das Seil. Ab „die Welle ..." wird das Seil kopfüber im Kreis geschwungen, und die Spieler/innen müssen viermal springen, bevor sie aus dem Seil laufen.

Anmerkung/Variation: Wir kannten als Kinder die verschiedensten Variationen des Seilspringens, die sich immer wieder veränderten.

Räuber und Prinzessin

Überlieferung: mündlich
Spieler/innen: sechs und mehr
Alter: ab 5 Jahren
Zeit: mindestens 15 Minuten
Material: eine Kreide, ein Tuch
Ort: auf Straßen und Plätzen

Das Versteck der Räuber wird durch ein Viereck markiert. Das Reich der Prinzessin ist ein Kreis mit zwanzig Metern Durchmesser, in dessen Mitte ein Tuch liegt. Das Versteck der Räuber befindet sich in einiger Entfernung zum Reich der Prinzessin. Die Räuber versuchen nun, das Tuch zu berühren. Die Prinzessin hat zu ihrer Unterstützung einige Ritter – insgesamt aber weniger als es Räuber gibt. Diese Ritter können die Räuber außerhalb des Kreises abschlagen. Auch die Prinzessin darf die Räuber abschlagen – allerdings nur innerhalb des Kreises. Abgeschlagene Räuber scheiden aus und setzen sich an den Rand des Spielfeldes. In ihrem Versteck sind die Räuber jedoch sicher und können nicht abgeschlagen werden. Gewonnen haben die Räuber, wenn sie das Tuch berührt haben. Die Prinzessin gewinnt, wenn es ihr und den Rittern gelingt, eine vorher vereinbarte Anzahl der Räuber abzuschlagen.

Anmerkung/Variation: Die Prinzessin spielt allein gegen die Räuber. Dabei ist sie mit einem dicken Seil an einen Baum gebunden und hat somit nur einen bestimmten Bewegungsfreiraum. Vor ihr liegt das Tuch, welches die Räuber ihr wegzuschnappen versuchen. Alle Räuber, die von der Prinzessin berührt worden sind, scheiden aus. Dem oder derjenigen, dem/der es gelingt, das Tuch zu schnappen, wird die neue Prinzessin und darf nun das Tuch bewachen.

Burgwächter und Prinzessin

Überlieferung: mündlich
Spieler/innen: sieben und mehr
Alter: ab 4 Jahren
Zeit: mindestens 10 Minuten

Material: ein Stuhl für jeweils zwei Kinder
Ort: überall

Die Stühle stehen im Kreis. Ein Stuhl ist leer, auf allen anderen sitzt eine Prinzessin. Hinter jedem Stuhl steht ein Burgwächter, die Hände auf dem Rücken. Der Burgwächter, dessen Stuhl leer ist, blinzelt nun einer Prinzessin zu. Gelingt es der Angeblinzelten, den Stuhl zu verlassen, ohne daß ihr Burgwächter sie festhalten konnte, setzt sie sich auf den leeren Stuhl, und der Burgwächter muß sich eine neue Prinzessin „erblinzeln". Wurde sie aber festgehalten, darf sie den Platz nicht verlassen.

Anmerkung/Variation: Die Prinzessin, die den Platz getauscht hat, wird nun zum Burgwächter des Blinzlers.

Wurfspiel

Überlieferung: mündlich
Spieler/innen: zwei und mehr
Alter: ab 4 Jahren
Zeit: mindestens 10 Minuten
Material: mehrere Stöcke, Weidenruten oder Gräser, Bindfaden
Ort: im Freien

Aus Weidenruten, Gräsern, Binsen oder Stroh werden Ringe geformt und mit Bindfaden umwickelt, damit sie in der Form bleiben. Nun wird mindestens ein Stock mit einem angespitzten Ende in die Erde gesteckt, so daß er stehen bleibt. Nun soll der Ring über den Stock geworfen werden. Wer dies mit dem größten Abstand schafft, hat gewonnen.

Anmerkung/Variation: Dieses Spiel kann auch mit zwei Stöcken gespielt werden. Hierzu werden zwei gleich große Mannschaften gebildet. Die Mannschaft, die in der kürzesten Zeit die meisten Ringe über ihren Stock gebracht hat, gewinnt.
Wird mit mehreren Stöcken gespielt, können diese mit Punktzahlen versehen werden. Die Spieler/innen markieren eine Linie, von der aus der Ring geworfen werden soll und die nicht übertreten werden darf. Jedes Kind, das seinen Ring über einen

Stock trifft, zählt die entsprechende Punktzahl zu der bisherigen hinzu. Wer am Ende die meisten Punkte hat oder eine zuvor ausgemachte Punktzahl überschreitet, hat gewonnen.

Kippel-Kappel

Überlieferung: mündlich überliefert von meiner Urgroßmutter
Spieler/innen: zwei und mehr
Alter: ab 5 Jahren
Zeit: mindestens 10 Minuten
Material: ein Kippel (10 cm langes Holzstück, das an beiden Seiten angespitzt ist), ein Kappel (60 cm langer Stock)
Ort: überall

Entweder werden zwei große Steine nebeneinander gelegt, auf denen der Kippel wie eine Brücke liegen kann, oder es wird ein Loch in die Erde gegraben, das den selben Zweck erfüllt (zum Beispiel am Strand gut zu spielen). Vom Kippel mindestens fünf Meter entfernt wird eine Linie gezogen. Weitere zehn Meter hinter dieser steht ein Kind, das versucht, den Kippel zu fangen. Das andere Kind nimmt den Kappel und schlägt den Kippel damit hoch. Er soll hinter die Linie in Richtung des Fängers fliegen. Fällt er vor der Linie auf den Boden, bekommt der Fänger 20 Punkte und sein Mitspieler wird Fänger. Ist der Kippel hinter die Linie gefallen, und er konnte ihn aber fangen, bekommt er ebenfalls 20 Punkte. Ist es ihm nicht gelungen, bekommt er noch eine Chance: Er bleibt stehen, wo der Kippel liegt, und der Kappel wird über die zwei Steine gelegt. Nun muß er aus dieser Entfernung den Kappel mit dem Kippel treffen. Gelingt es ihm, bekommt er keine Punkte mehr, wirft aber nun den Kippel seinem Mitspieler zu, und dieser muß ihn fangen. Hat er den Kippel aber nicht getroffen, bekommt sein Mitspieler die Chance, zweimal hintereinander Punkte zu machen. Als erstes hat er drei Versuche frei, den Kippel mit dem Kappel auf eine Spitze zu schlagen, so daß der Kippel in die Luft geschleudert wird. Nun muß er den Kippel in der Luft mit dem Kappel weit weg schlagen. Er zählt die Schritte, die er von seinem Standpunkt aus bis zum Kippel laufen muß und verbucht sich diese Anzahl als Punkte. Danach ist er an der Reihe, den Kippel aufzufangen und sofort nochmals zwanzig Punkte zu bekommen. Der/die Spieler/in, der/die als erster 250 Punkte oder mehr hat, hat gewonnen.

Anmerkung/Variation: Eine Version für abgebrühte Kippel-Kappel-Spieler ist die folgende Punktezählweise: Das Fangen mit beiden Händen ergibt nur 15 Punkte, das Fangen nur mit der rechten Hand (bei Linkshändern die linke) 20 Punkte und das Fangen mit der Linken (bei Linkshändern die rechte) 25 Punkte.

Grenzball

Überlieferung: mündlich
Spieler/innen: sechs und mehr
Alter: ab 4 Jahren
Zeit: mindestens 10 Minuten
Material: ein Ball, Kreide
Ort: im Freien

Zwei gleich große Mannschaften stehen sich gegenüber . Jede Mannschaft steht in einer Reihe hintereinander. Zwischen den ersten Spieler/innen der Reihen liegen je nach Alter der Kinder mindestens vier Meter. Außerdem wird direkt vor dem jeweils ersten Kind mit Kreide eine Linie gezogen. Die Stelle kann auch mit einer Schnur oder mit einem Pullover gekennzeichnet werden. Nun beginnt der/die erste Spieler/in der Mannschaft A den Ball zum ersten Kind der Mannschaft B zu werfen. An der Stelle, an der dieses Kind den Ball gefangen hat, bleibt es stehen. Konnte der Ball aus der Luft heraus, ohne vorher aufzuspringen, festgehalten werden, darf das Kind einen Schritt nach vorne gehen. Nun wirft es den Ball dem/der Spieler/in von A zu und so weiter. Der Ball wird also immer von einer Mannschaft zur anderen dem nächsten Kind zugeworfen. Alle müssen an ihrem ursprünglichen Platz stehen bleiben, bis der Ball ihnen zugeworfen wird und sie versuchen müssen, ihn zu fangen. Die Reihe, aus der als erstes ein Kind die markierte Grenzlinie der anderen überschreitet, hat gewonnen.

Anmerkung/Variation: Bei diesem Spiel fanden wir als Kinder kein Ende. Es folgte eine Revanche auf die nächste.

Schleuderball

Überlieferung: mündlich
Spieler/innen: zwei und mehr
Alter: ab 5 Jahren
Zeit: mindestens 10 Minuten
Material: ein Ball, eine große alte Socke oder eine Nylonstrumpfhose
Ort: im Freien, wo es viel Platz und keine Fensterscheiben gibt

In den Socken wird der Ball gesteckt, nun wird der Socken oben zugeknotet. Die Spieler/innen stehen sich in einer großen Entfernung gegenüber. Nun beginnt ein Kind, den Schleuderball über seinem Kopf zu drehen, bis dieser richtig Schwung hat. Dann läßt er ihn möglichst so los, daß der Schleuderball in Richtung des Mitspielers oder der Mitspielerin fliegt. Diese/r sollte ihn am Ende des Sockens auffangen. Anschließend schleudert er/sie ihn zurück.

Anmerkung/Variation: Spielen mehr als zwei Kinder mit, stehen diese im Spielfeld verteilt. Alle müssen aufpassen, damit niemand den Ball an den Kopf bekommt.

Entscheiden

Überlieferung: mündlich
Spieler/innen: fünf und mehr
Alter: ab 4 Jahren
Zeit: mindestens 10 Minuten
Material: ein Ball
Ort: im Freien

Ein Kind steht in der Mitte, die anderen bilden um es einen Kreis. Nun wirft das Kind in der Mitte einem anderen Kind den Ball zu und ruft dabei einen Namen. Kennt das Kind jemanden mit diesem Namen, fängt es den Ball. Kennt es niemanden, der so heißt, darf es den Ball nicht berühren. Ist ihm ein Fehler unterlaufen, bekommt es einen Minuspunkt. Das Kind, das am Ende die wenigsten Minuspunkte hat, ist Sieger. Es können auch Farben genannt werden, die eine/r der Mitspieler/innen anhaben muß, oder beispielsweise Pflanzen, die nur auf Wiesen wachsen. Bei älteren Kindern gibt es die Möglichkeit, nur Zahlen gelten zu lassen, die durch drei geteilt werden können, englische Wörter, die der Fänger übersetzen kann usw.

Anmerkung/Variation: Anstatt Minuspunkte zu verteilen, ist es schöner, wenn das Kind, das einen Fehler gemacht hat, in die Mitte geht und den Werfer bzw. die Werferin ablöst.

Lauf hin und her

Überlieferung: mündlich
Spieler/innen: drei und mehr
Alter: ab 4 Jahren
Zeit: mindestens 10 Minuten
Material: ein Ball, viele Steine, Kreide
Ort: auf Straßen und Plätzen

Ein Kreis von ein bis zwei Metern Durchmesser wird mit Kreide gezeichnet. Ebenfalls mit Kreide kennzeichnen alle Kinder ihren Stein, und zwar mit ihrem Anfangsbuchstaben oder einem Symbol. Nun stellt sich das erste Kind in den Kreis und legt seinen Stein dort auf den Boden. Es wirft den Ball sehr hoch und nimmt ganz schnell seinen Stein, um ihn so weit wie möglich außerhalb des Kreises auf den Boden zu legen. Dabei muß es aufpassen, denn der geworfene Ball muß von ihm selbst wieder aufgefangen werden. Gelingt ihm dies nicht, muß es seinen Stein wieder zurücknehmen. Alle Kinder, die den Stein hinlegen konnten und den Ball wieder aufgefangen haben, vergleichen am Ende, nachdem jeder einmal an der Reihe war, welcher Stein am weitesten wegliegt. Das Kind, dem dieser Stein gehört, hat gewonnen. In der nächsten Runde dürfen alle Kinder wieder mitspielen.

Anmerkung/Variation: Für den Anfang können die Kinder vereinbaren, daß der Ball einmal auf dem Boden aufschlagen darf.

Ein Ball fällt vom Himmel

Überlieferung: mündlich
Spieler/innen: zwei und mehr
Alter: ab 4 Jahren
Zeit: mindestens 10 Minuten
Material: ein Ball, ein großes Tuch, eine Schnur
oder eine Teppichstange beziehungsweise eine Wäscheleine

Die Schnur wird gespannt und das Tuch darübergehängt. Auf jeder Seite des Tuches stehen gleich viele Kinder. Nun werfen beide Seiten den Ball immer hin und her. Dabei können die Spieler/innen nicht sehen, wann und in welche Richtung der Ball geworfen wird. Die Kinder, auf deren Seite der Ball auf den Boden fällt, bekommen einen Minuspunkt.

Anmerkung/Variation: Mit älteren Kindern kann vereinbart werden, daß der Ball nicht gefangen werden darf, sondern mit der flachen Hand (wie beim Volleyball) wieder über die Schnur geschlagen werden muß.

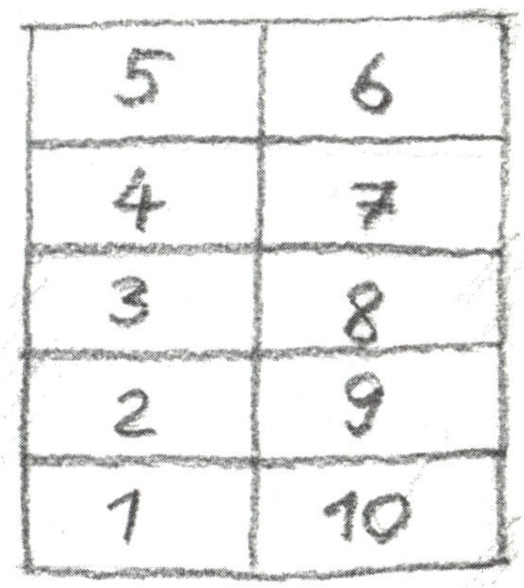

Von Eins bis Zehn

Überlieferung: mündlich
Spieler/innen: eine/r oder mehr
Alter: ab 4 Jahren
Zeit: mindestens 5 Minuten
Material: ein Ball, Kreide
Ort: auf Straßen und Plätzen

Auf die Straße werden mit Kreide die Zahlen von Eins bis Zehn in zwei nebeneinander liegende Kästchen in fünf Reihen hintereinander geschrieben. Nun beginnt das erste Kind, den Ball auf die Eins zu werfen. Anstatt ihn danach aufzufangen, wird der Ball vom selben Kind auf die Zwei, dann die Drei und so weiter geschlagen. Trifft das Kind die folgende Zahl nicht mehr, ist das nächste an der Reihe. Trifft ein Kind nacheinander von Eins bis zur Zehn alle Kästchen, spielt es rückwärts wieder bis zur Eins weiter. Wer am weitesten kommt, hat gewonnen.

Anmerkung/Variation: Die Kinder können gemeinsam versuchen, die Reihe rauf und runter zu spielen, indem das Kind, welches den Ball gerade geschlagen hat, schnell wegläuft und das nächste Kind versucht, den Ball auf die nächsthöhere Zahl zu treffen.

Neckball

Überlieferung: mündlich
Spieler/innen: fünf und mehr
Alter: ab 4 Jahren
Zeit: mindestens 5 Minuten
Material: ein Ball
Ort: auf Plätzen und Straßen

Ein Kind steht in der Mitte, die anderen mit einigem Abstand im Kreis außen herum. Die Kinder im Kreis haben die Hände hinter dem Rücken. Das Kind in der Mitte wirft den Ball den anderen zu und versucht, sie dabei zu foppen, so daß der Ball auf den Boden fällt. Die Spieler/innen im Kreis müssen den Ball fangen und dürfen die Hände nur nach vorne nehmen, wenn der Ball wirklich auf sie zukommt. Fällt einem Kind der Ball herunter, oder nimmt es fälschlicherweise die Hände nach vorne, wechselt es mit dem Kind in der Mitte den Platz.

Anmerkung/Variation: Klatschball ist eine Variation dieses Spiels. Die Kinder im Kreis müssen zweimal in die Hände klatschen, bevor sie den Ball fangen dürfen. Schafft es ein Kind nicht, oder klatscht es zur falschen Zeit, muß es in die Mitte.

Kaiser, König, Edelmann

Überlieferung: mündlich
Spieler/innen: sechs und mehr
Alter: ab 4 Jahren
Zeit: mindestens 10 Minuten
Material: ein Ball, Kreide
Ort: auf Straßen und Plätzen

Die Kinder stehen verstreut in einigem Abstand zueinander auf der Straße. Nun zeichnet jedes Kind einen Kreis um sich herum. In den Kreis schreibt es seinen Titel, auf den es sich mit den anderen geeinigt hat. Es gibt je einen Kaiser, König, Ritter, Bürger, Bauer, Bettelmann. Sind es mehr als sechs Kinder, können noch weitere Titel verwendet werden. Die Kinder müssen sich dabei nur einig werden, in welcher Rangfolge die Titel zueinander stehen. Nun beginnt der Kaiser, den Ball einem beliebigen Mitspieler zuzuwerfen. Dieses Kind muß versuchen, den Ball zu fangen, ohne seinen Kreis zu verlassen. Hat es den Ball nicht gefangen, muß es an des Bettlers Stelle, und alle anderen Kinder steigen in den nächsthöheren Rang. Verläßt es seinen Kreis, kann jede/r andere versuchen, als erstes in den verlassenen Kreis zu springen. Das lohnt sich natürlich nur, wenn der Kreis eine bessere Stellung einbringt. Der dadurch freigewordene Kreis kann indes von einem weiteren Spieler besetzt werden. Stehen alle Kinder wieder in einem Kreis, wird der Ball weitergeworfen. Hat ein Kind den Ball in seinem Kreis fangen können, wirft es ihn so schnell wie möglich weiter.

Anmerkung/Variation: Die Abstände zwischen den Kindern müssen von ihrem Alter abhängig gemacht werden.

Kantelspringen

Überlieferung: mündlich überliefert durch meine Großmutter
Spieler/innen: eine/r oder mehr
Alter: ab 3 Jahren
Zeit: mindestens 5 Minuten
Material: ein Ball
Ort: an Straßen

Ein Kind steht mit dem Ball auf der Straße, einige Meter von der Kantel (Bordsteinkante) entfernt. Es versucht, den Ball so an die Kante der Kantel zu werfen, daß er zurückspringt und das Kind ihn fangen kann, ohne seinen Platz zu verlassen. Jedesmal, wenn dem Kind das geglückt ist, geht es einen Schritt weiter von der Kantel weg. Kann es den Ball einmal nicht fangen, ist das nächste Kind an der Reihe.

Anmerkung/Variation: Das Spiel ist wegen der vielen Autos kaum mehr zu spielen. Es lohnt sich daher, eine Kantel aus Holz zu bauen und sie mit Zeltheringen im Boden festzumachen. Das ermöglicht diese Spiele im Garten und im Urlaub am Strand.

Ich weiß genau

Überlieferung:	mündlich überliefert von meiner Großmutter
Spieler/innen:	vier und mehr
Alter:	ab 4 Jahren
Zeit:	mindestens 10 Minuten
Material:	ein Ball
Ort:	im Freien

Ein Kind steht den anderen, die sich in einer Reihe aufgestellt haben, mit einigem Abstand gegenüber. Es dreht den anderen den Rücken zu und wirft den Ball nach hinten. Die Kinder fangen den Ball auf, und ein Kind versteckt den Ball hinter seinem

Rücken. Die anderen haben ihre Hände ebenfalls auf dem Rücken. Nun rufen alle: „So sag geschwind, du kluges Kind, wer hält den Ball versteckt?" Damit dreht sich das einzelne Kind um und ruft: „Ich weiß genau, denn ich bin schlau, der ... (Name) hat den Ball." Hat es richtig geraten, darf es den Ball nochmals werfen. War der Tip jedoch falsch, wird das Kind zum Werfer, das den Ball versteckt hatte.

Anmerkung/Variation: Wenn mehr als acht Kinder „Ich weiß genau" spielen wollen, sollten sie in zwei Gruppen spielen, da die einzelnen sonst zuwenig zum Zuge kommen.

Länderball

Überlieferung: mündlich
Spieler/innen: sechs und mehr
Alter: ab 5 Jahren
Zeit: mindestens 30 Minuten
Material: eine Kreide, ein Ball
Ort: auf Plätzen und Straßen

Jedes Kind zeichnet sich auf dem Spielfeld ein gleich großes Quadrat. Hinein schreibt es seinen Ländernamen. Jedes Land darf nur einmal vorkommen. Nun beginnt ein/e Spieler/in damit, den Ball hochzuwerfen und ein Land aufzurufen. Das Kind, welches sich dieses Land herausgesucht hat, versucht ganz schnell diesen Ball zu fangen. Hat es ihn in den Händen, ruft es: „Stop!" Alle anderen, die davongelaufen sind, bleiben sofort stehen. Das Kind mit dem Ball darf nun drei große Schritte machen und versucht anschließend, ein Kind mit dem Ball abzuschießen. Wurde niemand getroffen, nimmt das Kind den Ball und ruft erneut ein Land auf. Hat es aber jemanden getroffen, nimmt es die Kreide und stellt sich an eine Grenze des Landes, dessen Spieler/in gerade getroffen wurde. Dort zeichnet es ein großes Stück vom Land nach und schreibt den eigenen Ländernamen hinein. Das Kind, dessen Land gerade verkleinert wurde, darf als nächstes den Ball werfen. Wer zuerst im eigenen Feld kein Stück Land mehr besitzt, hat verloren.

Anmerkung/Variation: Das Schöne an diesem Spiel ist, daß es eigentlich nur in den seltensten Fällen einen Verlierer gibt, weil immer wieder das eigene Land zurückerobert werden kann. Ohne Kreide ist das Spiel mit vier gleichfarbigen Frottee-Haargummis pro Spieler/in zu spielen. Dabei wird der Namen des Kindes gerufen. Wer abgeworfen worden ist, gibt einen Haargummi dem Werfer. Wer als erstes von jeder Farbe einen Haargummi besitzt, hat gewonnen. Eine weitere Variation – und es gibt noch viele mehr – ist das Ball-ABC. Hierbei wird eine Fläche an die Wand gezeichnet, in die der Ball immer getroffen werden muß. Daneben schreibt man die Spieler/innen in alphabetischer Reihenfolge auf. Neben die Namen wird später pro Punkt ein Strich gezogen. Alle Kinder stehen zusammen vor der Wand. Das erste nimmt den Ball und wirft ihn so fest es kann in das gezeichnete Feld. Dabei ruft es den Namen eines Mitspielers/einer Mitspielerin. Der/die Gerufene versucht so schnell wie möglich, den Ball zu fangen, während die anderen so weit wie möglich weglaufen. Ist der Ball in des Kindes Händen, schreit es „Stop!“ Alle anderen bleiben sofort stehen. Das Kind mit dem Ball darf nun drei große Schritte machen und anschließend versuchen, ein anderes Kind zu treffen, das nur seinen Oberkörper bewegen darf. Trifft es, bekommt es einen Punktstrich neben seinen Namen. Es wirft den Ball als nächstes.

Kappenschnappen

Überlieferung: mündlich
Spieler/innen: zwei und mehr
Alter: ab 4 Jahren
Zeit: mindestens 5 Minuten
Material: eine Kappe oder Mütze für jedes Kind (es können auch Konservendosen sein), ein Tennisball, Kreide
Ort: auf Straßen und Plätzen

Die Kappen werden in eine Reihe gelegt. In einigem Abstand wird parallel dazu eine Linie gezogen. Hinter dieser Linie stellen sich alle auf. Das erste Kind beginnt, den Tennisball in seine Kappe zu werfen. Drei Versuche hat es zur Verfügung. In dem

Moment, in dem es trifft, laufen alle anderen Kinder weg. Der Werfer holt so schnell er kann den Tennisball und ruft dann: „Stop!" Alle bleiben sofort stehen. Nun versucht der Werfer mit dem Tennisball eines der Kinder zu treffen. Hat er es geschafft, darf er dessen Kappe aufsetzen. Das getroffene Kind ist aus dem Spiel draußen. Trifft der Werfer nicht, scheidet er selbst aus. Die Kappe bekommt in diesem Fall kein anderer. Wer als letztes übrig bleibt, hat gewonnen.

Anmerkung/Variation: Eine nette Ergänzung zum Spiel: Wenn ein Werfer nicht trifft, aber bereits eine Kappe erobert hat, darf er, anstatt auszuscheiden, die Kappe abgeben und weiterspielen.

Jäger und Hasen

Überlieferung: mündlich
Spieler/innen: fünf und mehr
Alter: ab 5 Jahren
Zeit: mindestens 10 Minuten
Material: ein Ball
Ort: im Freien

Die Kinder haben ein Spielfeld festgelegt, in dem sie sich bewegen dürfen. Eines ist der Jäger, alle anderen sind Hasen. Der Jäger versucht, die Hasen mit einem Ball abzuwerfen. Wer getroffen ist, wird zum Jäger. Der Jäger, welcher getroffen hat, wird zum Hasen.

Anmerkung/Variation: Häufig wird dabei der Kopf getroffen, oder der Schuß ist so kräftig, daß er schmerzt. Deshalb ist es besser, folgende Variation zu spielen: Es gibt von vornherein zwei Jäger, die sich den Ball zuwerfen dürfen. Wer den Ball in der Hand hält, darf keinen Schritt mehr laufen. Die Hasen müssen mit dem Ball berührt und nicht abgeschossen werden. So können die Jäger den Ball nicht mehr auf einen Hasen werfen, sondern sie müssen ohne Ball zu ihm hinlaufen, den Ball fangen und ihn damit berühren. Jeder Hase, der so berührt wurde, wird auch zum Jäger. So wird es immer leichter, die restlichen Hasen zu fangen. Wenn alle Hasen gefangen sind, ist das Spiel zu Ende.

9. Literaturverzeichnis

Das Kränzchen. Illustrierte Mädchenzeitung.
29. Folge. Stuttgart 1890.

Familienbuch der Stadt Heilbronn. 1856.

Georgens, W., Familienspielbuch. Wien 1882.

Grunfeld, Frederic V. (Hrsg.), Spiele der Welt.
Frankfurt a.M. 1976.

Kneissler, Irmgard, Bitte, Mutti, spiel mit uns.
Stuttgart 1963.

Kurtz, Hermann, Spielwaren und Puppen.
Ein Nachdruck des Kataloges aus dem Jahre 1912.
Ravensburg 1983.

Lindner, Gert, Wir spielen und basteln.
Gütersloh 1956.

Luchner, Laurin, Geh mit mir ins Kinderland.
Freiburg 1966.

Spiele aus der guten alten Zeit.
Ein Kalender des Deutschen Spielemuseums.
Hamburg 1990.

Register